ENSINO NÃO TE ENSINA

Este livro segue o Novo Acordo Ortográfico de 1990.

Diretor Executivo
Guther Faggion

Diretor de Operações
Jardel Nascimento

Diretor Financeiro
Nilson Roberto da Silva

Editora Executiva
Renata Sturm

Editora
Gabriela Castro

Direção de Arte
Rafael Bersi, Matheus Costa

Redação
Vanessa Nagayoshi

Preparação
Leonardo do Carmo

Revisão
Laila Guilherme, Francine Torres

Assistente
Ana Maria Menezes

DADOS INTERNACIONAIS DE CATALOGAÇÃO NA PUBLICAÇÃO (CIP)
ANGÉLICA ILACQUA — CRB-8/7057

PERRUCHO, Breno
O que o ensino não te ensina / Breno Perrucho.
São Paulo : Maquinaria Sankto Editoria e Distribuidora Ltda., 2021.
240p.
ISBN 978-65-88370-11-7
21-2215
1. Educação financeira I. Título
I. Título

ÍNDICE PARA CATÁLOGO SISTEMÁTICO:
1. Educação financeira I. Título CDD-332.024

---

maquinaria EDITORIAL

R. Ibituruna, 1095 – Parque Imperial,
São Paulo – SP – CEP: 04302-052
www.mqnr.com.br

BRENO PERRUCHO

O QUE O ENSINO NÃO TE ENSINA

maquinaria
EDITORIAL

PARA MEU PAI, cujos princípios de humildade e garra me prepararam para o caminho que escolhi seguir. Que eles se perpetuem nas páginas desta obra.

O ENSINO NÃO

TE ENSINOU...

PREFÁCIO

POR THIAGO NIGRO

GRUPO PRIMO | INVESTIMENTOS, EMPREENDEDORISMO E FINANÇAS

EU NUNCA APRENDI tanto na minha vida quanto aprendi na escola. Foram longos anos que dediquei a ela, por volta de quinze talvez, assim como você, leitor, deve ter dedicado. Estudei muito e aprendi muita coisa, é verdade. E o mais incrível de toda essa jornada é que eu aprendi muitas matérias que nunca usarei na minha vida, e as coisas que mais gostei de aprender foram as que aprendi na prática.

Mas quando a prática ensina é muito doloroso. Cada dificuldade em uma reunião de negócios, em uma decisão errada que tomei ou em uma atitude equivocada, tudo isso doeu muito mais do que deveria, porque não fui preparado para lidar com conflitos da vida real. E esse é o problema em aprender só com a prática: você pode acabar se machucando sem necessidade. O lado bom é que você nunca esquece, porque dói.

Mas se a gente pudesse investir todos esses anos aprendendo de fato coisas mais úteis para nossa vida, conhecimentos que não giram somente ao redor de uma profissão, mas de ferramentas úteis independentemente da nossa área de atuação, talvez nós vivêssemos muito melhor.

Eu percebo que as pessoas têm certas coisas em comum que todo mundo busca: dinheiro, controle emocional, estabilidade e liberdade. A escola não te ensina isso. Ela te faz decorar nomes de pontes, rios no Egito, mas não por que aquela ponte foi criada ou a importância de sabermos sobre a existência daquele rio. Não há ferramentas que nos façam questionar, somente destinos finais dados pelos professores como verdade absoluta. Além disso, a maioria das escolas te ensina a decorar, não a aprender. E tudo que é decorado pode ser esquecido.

Fiz três anos de mandarim, aprendi algumas coisas, mas não coloquei em prática, esqueci. Eu não aprendi a falar em público, não aprendi nada disso na escola. E o que mais me ajudou a chegar onde estou hoje são conhecimentos sobre finanças, pensamento empreendedor, comunicação, gestão e controle emocional. Não aprendi nada disso na escola.

No mercado de trabalho, o que vai te dar dinheiro e sucesso é ser muito bom em uma área que você tenha talento. A escola te ensina o básico de todas as matérias, mas não aprimora o seu talento, não é dada a oportunidade para isso. E em vez de ser um espaço de ensinamentos que nos preparem para aprimorar nossos talentos e ter inteligência emocional para lidar com a vida adulta, a escola nos obriga a escolher uma faculdade muito cedo, antes mesmo de formarmos nossos ideais e entender o que queremos da vida. O ensino não te ensina a se desenvolver no que você é bom.

Por isso, *O que o ensino não te ensina* é o encaixe perfeito para o sistema de ensino que existe hoje no Brasil, que nos prepara para sermos medianos e nos joga no mundo com muita responsabilidade e pouca habilidade. Este livro vem para te fazer questionar e aplicar novas áreas de conhecimentos que ficaram adormecidas nos bancos duros da escola.

Breno Perrucho é um grande amigo, um jovem comunicativo e talentoso, e eu tenho certeza de que ele vai trazer para você muitas lições que a escola não trouxe. Eu estou confiante de que esse pode ser o começo de uma virada de chave para aqueles que se dedicarem e toparem não só ler esse livro, mas estudar e colocar em prática o que o ensino não te ensina.

INTRODUÇÃO

! ***Disclaimer:* contém *spoilers* de Harry Potter.**

SIRIUS ERA PADRINHO DE HARRY. Isso, esse mesmo – Harry Potter. Aquele que foi para Hogwarts estudar magia. O menino que sobreviveu. Você já vai entender o ponto, fica comigo.

Sirius foi acusado de um crime que não cometeu e, por isso, foi parar em Azkaban, uma prisão para bruxos criminosos, guardada por seres sombrios que se alimentam de qualquer resquício de felicidade à sua volta. Por isso, Azkaban é um lugar completamente desprovido de alegria, vida ou esperança.

Os prisioneiros, ao passarem muito tempo sob o efeito dessas criaturas, gradualmente perdem a noção do sentido de sua existência e enlouquecem. Ou, sem ver motivos para mantê-las, tiram suas próprias vidas. Mas algo estranho aconteceu com Sirius. Durante doze anos, ele ficou preso em Azkaban, mas, ainda assim, manteve sua sanidade.

Na comunidade bruxa, ele era temido. Para todos, fora Sirius quem revelara a Voldemort a localização secreta de Lilian e Tiago Potter, seus melhores amigos, que foram assassinados pelo Lorde das Trevas logo em seguida. Mas Sirius não sabia onde o casal estava escondido. Porque Lilian e Tiago tinham certeza de que, por Sirius ser o melhor amigo do casal, ele seria o primeiro a ser procurado. Então decidiram confiar sua localização a outra pessoa – de quem poucos suspeitariam.

Sirius sabia quem havia sido. E, buscando vingança, foi enfrentar o verdadeiro traidor: Pedro Pettigrew.

Pettigrew era outro velho amigo dos Potter. E, na noite em que Lilian e Tiago Potter foram mortos, Sirius localizou Pettigrew e o desafiou para um duelo em espaço público. Pettigrew conjurou uma maldição que matou doze trouxas, cortou o próprio dedo, se transformou em um rato e fugiu.

Sirius, então, foi preso – com a comunidade bruxa acreditando que ele era um agente duplo de Voldemort e que havia matado os trouxas inocentes e lançado uma maldição tão devastadora que não deixou nada de Pettigrew, exceto um dedo.

Sirius chegou a Azkaban. Seus melhores amigos, Tiago e Lilian, estavam mortos; o verdadeiro traidor estava à solta; e todos do mundo bruxo, até seus velhos amigos, acreditaram que ele era um maníaco sanguinário pronto para fazer qualquer coisa por seu verdadeiro mestre, Lorde Voldemort.

Ele não tinha uma pessoa sequer ao seu lado, dentro ou fora da prisão. Ele não tinha felicidade nem esperança na vida. E, ironicamente, o fato de não ter qualquer resquício de felicidade em sua vida fez com que os dementadores não tivessem muito o que sugar. Ele não tinha coisas boas pelas quais viver, então o efeito das criaturas não o enlouqueceu. Mas ele tinha um único objetivo na vida: a crença nua e crua de que iria encontrar Pettigrew, capturá-lo e revelar ao mundo a verdade.

E esse porquê o manteve são.

Assim viveu Sirius durante mais de uma década. Dia após dia, ele sobrevivia esperando o momento em que teria alguma informação que acusasse a localização de Pettigrew, e poderia finalmente escapar para derrotá-lo. Um único porquê em mente, e a crença inabalável de que ele faria justiça pelos Potter.

Quem conhece a história sabe que Sirius conseguiu escapar, recebeu o amor de Harry e, com isso, acabou adquirindo algo bom pelo qual viver. Por mais que exageradamente macabra para os propósitos de meu ponto, essa história é uma analogia perfeita de como a sociedade vive atualmente.

Quando fazemos 6 anos, ingressamos no chamado “plano de 59 anos”. Ele começa na classe de alfabetização, aos 6, e termina na aposentadoria, aos 65. Nesse meio-tempo, somos ensinados a tirar boas notas, obedecer às regras e seguir as convenções necessárias para viver harmoniosamente em sociedade.

Nos anos iniciais, aprendemos que precisamos escolher "o que fazer da vida". E, ao longo do Ensino Fundamental, é maravilhoso quando nos perguntam:

"E aí, o que você quer ser quando crescer?"

Porque queremos ser tudo. Jogador de futebol, piloto de Fórmula 1, dançarino, pintor, ator de Hollywood, cantor, comediante, astronauta... Frequentemente todos ao mesmo tempo. Mas, conforme vamos prosseguindo no plano de 59 anos, a lista vai mudando um pouco. Vemos menos jogadores de futebol e mais engenheiros; menos dançarinos e mais advogados; menos artistas e mais médicos. Por quê?

Por que, conforme vamos entrando mais fundo no plano, nossas respostas vão mudando? Será que é porque ficamos mais inteligentes? Mais racionais quanto ao que é melhor para nossa vida? Porque vemos as coisas com uma clareza que a ingenuidade de uma criança jamais permitiria? Ou será que é outra coisa completamente diferente?

A resposta é cultura.

Cultura é o conjunto de padrões de comportamento, crenças, conhecimentos e costumes que distinguem um grupo social. O ser humano é um ser social; logo, ele precisa seguir normas e padrões para viver bem em sociedade.

Cultura não é racional. Ela não é o que é porque faz sentido ou porque precisa ser. Ela só é. Explico: antigos nórdicos, gregos e romanos acreditavam que múltiplos deuses e entidades divinas determinavam o sucesso ou o fracasso de batalhas, colheitas e vidas amorosas. A sociedade ocidental, de forma generalizada, acredita que um único Deus onipotente é responsável por acasos e acontecimentos da humanidade.

A maneira exata como tais entidades interferem na vida humana não é conhecida; não é possível medi-la. Não é sequer possível atestar se tal interferência existe. Mas sociedades inteiras entraram em guerra, prosperaram, colapsaram, se reergueram e moldaram sua estrutura econômica, política e social devido à crença em tais deidades.

O plano de 59 anos foi fruto da evolução cultural que historicamente vem construindo a forma como a nossa sociedade vive e pensa hoje em dia. Não foi um processo necessariamente racional, mas, racionalmente ou não, aconteceu. E seu propósito é justamente moldar a mente humana a se adequar aos padrões e comportamentos sociais da época, para que o indivíduo possa viver de forma aceitável e se sentir pertencente à nossa cultura. Por isso, quanto mais tempo ficamos imersos no plano, menos naturais são os nossos pensamentos e mais culturais são nossas ideias. Assim, quando fazemos entre 16 e 17 anos, precisamos – dessa vez – responder para valer:

"E aí, o que você vai fazer da vida?"

Fomos ensinados até aquele momento que precisamos escolher uma única paixão que vamos perseguir e cultivar pelo resto da vida à exclusão de todas as outras. Quem nos faz essa pergunta não espera que respondamos "músico e matemático"; "*sommelier* e contador" ou "domador de leões e projetista de foguetes".

A cultura nos despiu da mais intrínseca verdade da natureza humana: somos seres diversos. Diversos em relação aos nossos contemporâneos e diversos em relação a nós mesmos. Eu sei. Prolixo. Já vai ficar claro.

Cada ser humano recebe um coquetel de experiências, *inputs* e ensinamentos que nos fazem desenvolver uma visão particular sobre como encarar os acontecimentos do mundo. É como se todos tivéssemos uma lente diante dos nossos olhos que filtra as circunstâncias à nossa volta e dá significado a elas com base no que vivemos anteriormente. Nossa personalidade é fruto desse coquetel de experiências e dita a forma como costumamos encará-las. Ninguém é igual. Cada um tem uma perspectiva particular sobre o mundo, e é isso que cria a beleza da diversidade humana. Diversidade biológica; diversidade de opinião; diversidade de gostos e talentos. Todos somos diferentes por natureza.

Quando entendemos essa característica comum a todos, percebemos a hipocrisia na demonstração de intolerância. Não respeitar a opinião de pessoas com pensamentos dissonantes dos nossos vai contra o mesmo princípio natural do que é ser humano. As experiências que cada indivíduo teve em vida e os significados que dão a essas experiências são – via de regra – diferentes entre si. Intolerante é aquele que perde a oportunidade de olhar o mundo por uma nova perspectiva. É aquele que se prende às antigas verdades e se abstém de expandir os próprios horizontes.

Se você se irrita com os gostos musicais de outras pessoas, você é intolerante. Se você se irrita com um discurso socialista, keynesiano ou liberal, você é intolerante. Se você se irrita quando alguém defende Haddad ou Bolsonaro, você é intolerante.

Talvez você se pegue pensando que, depois dessa breve leitura, você deve exercitar mais a tolerância. Contudo, não confunda tolerância com abertura. Dizer que alguém é tolerante é partir do pressuposto de que essa pessoa "tolera" em outra pessoa características que a desagradam profundamente. Por exemplo: eu tolero sua presença, portanto não farei nada contra você, mas acho que seus ideais são arrogantes, prepotentes e egoístas. Não é este o ponto.

O segredo é abertura. Ter abertura é ser genuinamente interessado em ouvir as opiniões alheias, independentemente do quão em conflito estejam com nossa própria visão de mundo; é buscar ativamente o debate, apoiando-se no pressuposto de crescimento mútuo. Abertura é muito mais legal que tolerância.

Também não confunda abertura com concordância. Não somos obrigados a acatar todas as opiniões adversas, mas temos muito a ganhar em tentar entender e nos colocar nos sapatos daqueles que pensam diferente de nós, em vez de ofendê-los, diminuí-los ou não lhes dar o devido valor. Uma conversa com opiniões dissonantes pode ser uma excelente alavanca de crescimento ou uma eficiente maneira de perder o respeito de um amigo. Nós escolhemos.

Além de todas as nuances que compõem as diferenças entre seres humanos, todos temos diferenças em nós mesmos. Possuímos inúmeros gostos, paixões, *hobbies*, curiosidades e talentos sobre os quais construímos nossas atividades. Podemos gostar da história da sociedade persa, assim como podemos gostar de andar a cavalo. Podemos ser excelentes em cálculo, assim como em dança. Podemos fazer o melhor espaguete à carbonara possível e cantar de um jeito que os jurados do *The Voice* iriam brigar para nos ter em seu time.

E todos esses gostos são flexíveis na grandiosa escala do tempo. Podemos nos apaixonar por engenharia de produção hoje, mas o que vamos realmente querer fazer amanhã é *design* de pôsteres no Photoshop. Podemos nos apaixonar por alguém num dia e desapaixonar no outro. Não somos engenheiros. Não somos advogados. Estamos engenheiros. Estamos advogados.

Nossos interesses e paixões são naturalmente tão flexíveis que é surpreendente que um dos pilares de sustentação da nossa cultura seja algo antinatural: saber de cor e salteado responder à pergunta "E aí, o que você vai fazer da vida?".

Não faz sentido. Vai contra a natureza humana. O ser humano é complexo, profundo e volúvel demais para ser capaz de responder a isso. Mas todos somos ensinados a prontamente inventar uma resposta.

Tendo essa resposta, adolescentes se preparam ao longo do terceiro ano do Ensino Médio para uma prova que vai ditar todo o seu futuro pelos próximos doze meses: o vestibular. Se passam, ingressam em um curso universitário que melhor viabiliza o alcance do que creem ser sua paixão profissional; se não passam, se matriculam em um curso pré-vestibular e tentam de novo.

E assim seguimos imersos no plano de 59 anos. Na faculdade buscamos boas notas, para que consigamos bons estágios, o que possivelmente nos levará a ser efetivados, para trabalharmos em uma boa empresa, subindo na hierarquia corporativa até alcançar uma posição de liderança e, por fim, aposentarmo-nos com 65 anos.

Esse é o plano de 59 anos. Começa aos 6, termina aos 65. É o ciclo natural culturalmente aceito pela sociedade. Mas ele nem sempre é seguido à risca.

Às vezes um adolescente de 17 anos se sente excessivamente pressionado por precisar escolher em um ano o que vai fazer pelos próximos 48. Sua família fica na expectativa de que ele dê seus primeiros passos como futuro profissional passando no vestibular; seus amigos estão, em sua maioria, decididos, mas às vezes ele mesmo não sabe o que fazer.

Então esse adolescente escolhe algo que ele acha que gosta, preenche a expectativa de familiares, acompanha seus amigos e faz o vestibular, uma ou algumas vezes, e, por fim, começa a faculdade. A partir daí algo curioso passa a acontecer.

Alguns desses jovens adultos recém-ingressados num curso universitário têm uma quebra de expectativa quanto ao que conquistaram até então e chegam a seu "ponto de incongruência". O ponto de incongruência é a percepção da não associação entre o que está sendo feito agora na vida de um indivíduo e o que este imagina para si no futuro.

Esse é um efeito colateral comum manifestado em muitos que entram no plano de 59 anos. E ele pode surgir em qualquer momento da vida: um estudante universitário que fica empolgado ao entrar no curso, mas depois de alguns períodos não suporta frequentar a faculdade; um engenheiro que orgulha todos os familiares por estar trabalhando numa petroleira, mas, depois de uns anos, começa a se questionar se é aquilo que realmente quer fazer por toda a sua vida; um aposentado que percebe que passou a vida inteira vivendo de acordo com regras e convenções sociais, sem perceber que jamais parou um tempo para olhar para dentro de si e viver pelo que realmente gostaria...

Cada uma dessas pessoas atingiu um impasse cuja solução não foi dada pelo ciclo natural aceito socialmente. Veja: o universitário pode achar que o problema está no curso e, assim, fica pulando de graduação em graduação até finalmente aceitar que já perdeu muito tempo e precisa terminar alguma coisa, qualquer que seja.

O engenheiro pode pensar que o problema está no emprego. Ou que escolheu a profissão errada. Ele acha incongruente estar se sentindo tão desgastado pelo trabalho que acreditava ser sua maior "paixão" desde criança. Com isso, torna-se amargurado. Reclamão. E aí ele busca compartilhar suas frustrações com amigos também frustrados e reclamões, que potencializam sua insatisfação e o fazem colocar a culpa de seu sofrimento no mundo e em tudo e todos à sua volta.

O aposentado hoje vive com dinheiro, mas com pouca saúde para aproveitar o pouco tempo que lhe resta. Seu remorso o faz se arrepender de ter passado tanto tempo vivendo para satisfazer os desejos dos outros em vez de arriscar viver para si mesmo. O ponto de incongruência não acontece para todos, mas ainda assim acontece para muitos.

O plano de 59 anos não nos ensina o que fazer quando passamos a não gostar do futuro que nos aguarda. E não entendemos quando chegamos ao nosso ponto de incongruência. Nos sentimos perdidos. Sozinhos. Como se fôssemos o problema. Não fomos preparados para isso. Jamais passa por nossa cabeça a possibilidade de buscar outros caminhos. No plano de 59 anos só existe um caminho:

Tirar boas notas > Passar de ano > Entrar na faculdade > Tirar boas notas > Arranjar um emprego > Casar-se > Crescer no emprego > Ter filhos > Aposentar-se com segurança

Por isso, quando percebemos que nossa vida não está indo de acordo com o plano, não sabemos o que fazer. Precisamos passar por uma batalha interna de insegurança por não estarmos conseguindo cumprir os padrões que colocamos para nós mesmos. Além de, muitas vezes, aqueles que mais nos amam terem dificuldades em entender nossos sentimentos – afinal, muitos deles não passaram por isso.

Nossos pais, avós, tios e tias – todos querem o melhor para nós. Mas dificilmente aceitam quando não estamos felizes com o que estamos fazendo da vida ou o que queremos para o nosso futuro. Por quererem o nosso bem, eles se portam contra nossos sentimentos. E, ao se portarem contra nossos sentimentos, eles nos fazem mal. A crença de que deveríamos estar felizes seguindo o plano de 59 anos já está tão firme na nossa cultura que o problema é "obviamente" nosso. Nós somos errados, nós somos o problema, nós somos culpados.

Os efeitos de chegar ao ponto de incongruência são sombrios. Não estamos felizes, não temos esperança de um futuro melhor fazendo o que quer que estejamos fazendo e não temos razão pela qual viver. É difícil; é escuro; é feio. E pensamos: "A vida não é como eu pensei". De fato. Ela é muito mais imprevisível, dinâmica, circunstancial e efêmera do que somos ensinados a pensar que é. E poucos têm essa realização.

As pessoas se dividem em dois grupos quando chegam ao ponto de incongruência:

1

São pessoas que aceitam as injustiças da vida; que ela é muito diferente do que a ingenuidade de seus "eus" crianças achavam que seria. Não questionam as convenções sociais e acreditam que não há nada que possa ser feito para mudar essa realidade, porque ela simplesmente é assim e sempre será.

2

Esse grupo de indivíduos fica inconformado com o descasamento entre o que lhe foi ensinado que deveria esperar da vida *versus* o que de fato está acontecendo e busca fazer algo a respeito. Busca mudar, adquirir novos conhecimentos e passa a questionar se as convenções sociais impostas desde cedo realmente fazem sentido.

O grupo de nº 1 leva uma vida sem sentido. Vivendo pelos outros mais do que para si mesmo. Eventualmente tais pessoas se veem preenchidas por remorso e arrependimento. Já os integrantes do grupo nº 2 percebem que foram prisioneiros de crenças e dogmas impostos sobre eles desde antes de terem discernimento para escolher se queriam ou não adotar esse plano e sair do caminho padrão. Eles percebem que, se continuarem nessa prisão, a vida ficará cada vez mais escura, sem sentido. Eles passam a entender com clareza o que não querem, em vez de se curvarem às convenções impostas por outras pessoas. E, com isso, buscam por si sós o próprio caminho.

Entretanto, a consequência de sair do palheiro é a reprovação social. É ter que viver com os discursos de reprovação da família e o sentimento de culpa que isso traz. Afinal, saber o que não queremos fazer **não** nos mostra as coisas que queremos fazer. Isso faz tudo mais difícil.

Perceber que nossa vida não iria se desenrolar na maneira como fomos ensinados e passar a questionar o que é certo ou errado quando todos estão de olho torto para nós podem nos fazer sentir presos dentro de nossa infelicidade.

E aí lembramos de Sirius. Ele também foi prisioneiro por anos sem um resquício de felicidade na vida. A única coisa que o manteve vivo foi um porquê.

O objetivo deste livro é te munir com as experiências e conhecimentos com que todos deveríamos ter tido contato antes de escolher qualquer plano que fosse (seja um de 59 anos, de 15 anos ou de 24 meses) e, com esses conhecimentos, te ajudar a encontrar os porquês. Porque, quando temos os porquês, nem as prisões mais sombrias podem nos segurar.

Disclaimer: **este não é um livro motivacional.**

ESCOLA
PRIMÁRIA
ESCOLAR

CAPÍTULO 1

O ENSINO NÃO TE ENSINOU POR QUE ELE EXISTE

DURANTE AS AULAS de história e geografia, aprendemos sobre as revoluções industriais. O que mais marcou essas revoluções foram as mudanças no processo produtivo da mercadoria que era oferecida para a população.

Até então, o trabalho era feito dentro de oficinas e casas por artesãos que dominavam a maior parte das etapas do processo produtivo. O artesão tinha conhecimentos vastos em diversas áreas, desde como conseguir a matéria-prima, transformá-la em produto e vendê-lo para o cliente enquanto acompanhava as finanças do negócio. Ele precisava dominar todas as etapas da produção para garantir que o produto final chegasse à população com qualidade.

Isso até começarem a surgir as primeiras fábricas, no final do século XVIII, trazendo o amanhecer da Primeira Revolução Industrial. Com o surgimento do modelo industrial, a manufatura foi cada vez mais dando espaço para a maquinofatura – o uso de máquinas para compor o processo fabril.

Enquanto a manufatura era um processo artesanal, demorado, em que uma ou poucas pessoas dominavam todas as etapas de produção de suas mercadorias, a maquinofatura era um processo padronizado mais eficiente, em que cada pessoa era responsável por uma função específica. Na Segunda Revolução Industrial (século XIX), foram instaladas esteiras de produção, sobre as quais funcionários debruçavam-se para realizar uma única atividade que havia sido designada a eles.

Assim, um funcionário realizava uma tarefa simples e repetitiva, como apertar um parafuso, e a esteira levava o produto para outro funcionário, que realizaria outra tarefa a partir do trabalho já feito. Ou seja, eles não precisavam ter a visão macro sobre todas as etapas da montagem até o produto final. Por passarem horas do dia fazendo exatamente os mesmos movimentos, esses funcionários acabavam se tornando verdadeiros especialistas em suas tarefas, o que aumentava significativamente a produtividade comparada às mãos dos antiquados e lentos artesãos.

Esse modelo industrial de produção tinha o objetivo de elevar a produtividade do processo ao máximo a custos mínimos. Mas isso você já aprendeu na escola.

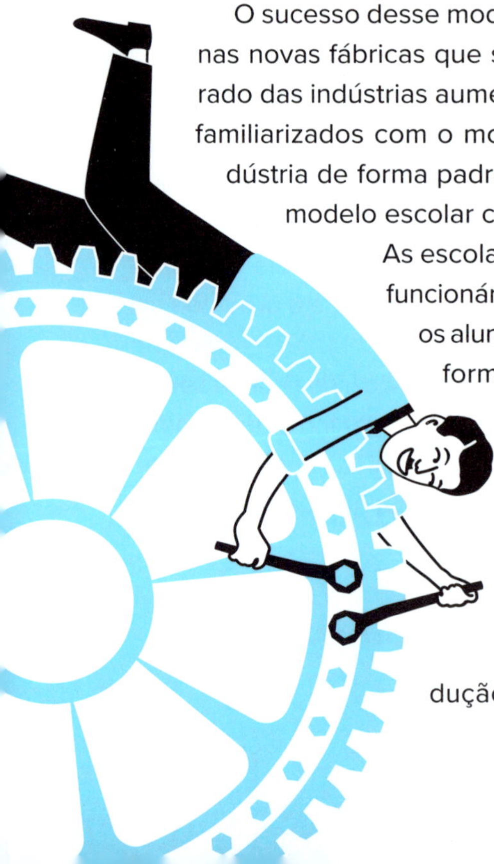

O sucesso desse modelo para as empresas o fez ser adotado nas novas fábricas que surgiram. Por isso, o crescimento acelerado das indústrias aumentou junto a demanda por funcionários familiarizados com o modelo; preparados para trabalhar na indústria de forma padronizada, repetitiva e eficiente. Assim, o modelo escolar como conhecemos hoje foi criado.

As escolas surgiram para sanar a necessidade de funcionários na indústria, refletindo a vivência que os alunos futuramente teriam nas fábricas. Dessa forma, as escolas conseguiriam preparar jovens a tornarem-se empregados aptos a trabalhar na cadeia produtiva logo que terminassem o ensino básico.

Pessoas com alto grau de instrução, com certificados e diplomas de Ensino Superior, ficariam responsáveis pelo desenvolvimento de cadeias de produção eficientes, planejamento de logística, otimização de processos, jurídico e contabilidade empresarial. Já pessoas com baixo grau de instrução trabalhariam diretamente na cadeia produtiva, também conhecida como "chão de fábrica". Elas eram como engrenagens do processo produtivo, necessárias para colocar em prática o planejamento que os funcionários mais instruídos elaboraram. Todos precisavam estar em absoluta sincronia para garantir que o produto final sempre fosse o mesmo. Ou seja, processos padronizados exigiam pessoas padronizadas.

O modelo industrial inseriu na sociedade o pensamento industrial. Tiago Mattos, futurista formado pela Singularity University e cofundador da escola de inovação e criatividade Perestroika, em seu livro *Vai lá e faz*, categoriza essa mentalidade em quatro pilares:

- **Linear, como uma linha de montagem.**
- **Repetitivo, com funcionários especialistas em realizar repetidamente a mesma tarefa.**
- **Segmentado, com uma rígida divisão das empresas em diversas áreas e departamentos, sem que os funcionários saibam como o todo funciona.**
- **Previsível, em que sempre se espera o mesmo resultado final, sem surpresas ou mudanças durante o processo de produção.**

Esse pensamento industrial moldou o ensino como o conhecemos hoje. É um ensino **linear**, pois precisamos passar pelo Ensino Primário, Fundamental, Médio e Superior, como numa esteira de produção; **repetitivo**, devido ao processo cíclico de "estudar, fazer provas, tirar boas notas e passar de ano"; **segmentado**, com diversas matérias dadas separadamente sem clara integração entre si, de forma que o aluno tem dificuldade em ver como as matérias têm aplicabilidade na vida real; e **previsível**, pois somos ensinados que, seguindo esse modelo, vamos conseguir passar no vestibular e ser alguém na vida.

Fazemos parte de um modelo de ensino padronizado e estruturado para suprir a necessidade de uma demanda industrial de séculos atrás.

Todos os alunos recebem a informação do mesmo modo, são ensinadas as mesmas matérias, com a mesma metodologia de ensino, por uma única figura de autoridade que observa o comportamento de todos à sua frente. Alunos sentam-se em fileiras retas, com espaço delimitado entre si, calados e submissos.

Ao longo do ano letivo, exames padronizados são aplicados igualmente para todos os alunos, e, caso tirem boas notas, eles conseguem passar para a próxima série. Uma vez na próxima série, eles são expostos à mesma metodologia de ensino, realizam novamente exames padronizados e repetem exatamente o mesmo processo até concluir o ciclo.

Durante os anos escolares, os alunos são orientados sobre o que aprender e o que pensar ao longo de sete horas por dia, com um breve intervalo para o lanche, normalmente marcado por uma sirene. Assim, os alunos aprendem a obedecer calados, sem questionar nem criticar – tudo do mesmo jeito que na cadeia produtiva de uma fábrica.

Se analisarmos esse modelo de séculos atrás e o compararmos ao ensino com que estamos acostumados hoje, não percebemos muitas diferenças. Inclusive, as semelhanças são tantas que é difícil aceitar o quão estático o ensino ficou durante todo esse tempo, apesar de todas as transformações pelas quais o mundo passou desde então.

Os primeiros vestígios da indústria e do modelo escolar atual surgiram em 1760. Porém nesse ano ainda vivíamos em uma sociedade marcada por escravidão, em que mulheres eram privadas da educação formal e do direito ao voto, a homossexualidade era crime, a guilhotina era a forma mais humana de punir a oposição e a monarquia reinava em quase todos os países do mundo. Tudo isso antes de Josef Stalin, Adolf Hitler, Dom Pedro I e Napoleão Bonaparte. A maior parte do que estudamos em história aconteceu depois de o modelo atual escolar ser

criado, e, ainda assim, ele se mantém praticamente intocado – imune às mudanças do tempo.

Atualmente, séculos depois, as salas de aula são assustadoramente parecidas. Mas o mundo tem novas demandas. Nossa sociedade tem novos problemas. O mundo globalizado e tecnológico está repleto de máquinas assumindo as etapas da cadeia produtiva e tomando os empregos de pessoas que antes realizavam as mesmas tarefas.

Entretanto, enganam-se aqueles que acreditam que devemos combater isso. A tendência existe, e, por mais que venhamos com sindicatos ou leis para proteger os funcionários no curto prazo, jamais conseguiremos evitar essa mudança. O futuro é inevitável. Com isso, será cada vez menor a necessidade de formar pessoas que pensem de maneira unilateral, absolutamente especializadas em alguma área de conhecimento.

Em poucos anos, computadores munidos de inteligência artificial serão capazes de armazenar um banco de dados com casos de centenas de milhares de pacientes clínicos, acessíveis em seus circuitos de forma muito mais eficiente do que nossos neurônios conectados por dendritos com bainha de mielina jamais permitirão. Assim, os diagnósticos dados por computadores serão mais rápidos e confiáveis, e tais máquinas, ao contrário dos seres humanos, serão capazes de trabalhar indefinidamente sem se cansar.

Cirurgias de alta complexidade já estão sendo realizadas por robôs. O seu nível de precisão é indiscutivelmente mais assertivo do que o de um ser humano. Eles possuem sensores mais eficazes do que um olho humano, suas mãos não tremem e não há emoção que atrapalhe o seu desempenho. Além disso, são capazes de realizar várias cirurgias em um dia sem perder a eficiência.

O robô Da Vinci, por exemplo, desenvolvido em 2006, auxilia os profissionais em procedimentos cirúrgicos. Ele possui quatro braços: um deles carrega uma câmera e os outros três servem para pegar instrumentos, como pinças, tesouras e bisturis. Nesse caso, o médico é quem controla o robô[1], mas futuramente ele mesmo será capaz de executar procedimentos completos sozinho.

Na área de construção civil, a robótica também já está sendo usada, desde a análise inicial do local até a construção. Mas, num futuro breve, computadores serão capazes de projetar estruturas com a máxima garantia de que não vão desabar por falhas de planejamento humano, como ocorreu em 2016 com a ciclovia Tim Maia na avenida Niemeyer, no Rio de Janeiro, num desastre que matou duas pessoas.

Porém máquinas podem ser muito boas em uma única função, mas dificilmente conseguirão ser muito boas em várias. Isso é o que distingue as máquinas do *Homo sapiens*. **Seres humanos podem se munir de seus diversos conhecimentos para fazer conexões entre áreas completamente desconexas. Máquinas, não.**

Por isso, serão valorizadas as áreas em que máquinas ainda não são capazes de superar seres humanos: inteligência emocional, contato humano, carisma, criatividade e liderança – as chamadas *soft skills*. Porque essas competências só são desenvolvidas por meio de vivências e contato com experiências diversas, algo que um robô não consegue ter.

Em geral, somos ensinados a treinar a verticalidade, ou seja, a estudar e nos aprofundar somente em uma única matéria até nos tornarmos *experts* no assunto. É na faculdade que começamos a nos especializar em uma determinada área. Então, se você escolheu fazer medicina, vai passar seis anos da faculdade estudando as matérias gerais do curso e mais alguns anos de residência, dependendo da sua área de especialização. Cada vez mais você vai se tornando uma pessoa absolutamente verticalizada.

Imagina só: você decide se especializar em dermatologia, e sua dedicação é tanta que falta tempo para praticar outras atividades, como tocar piano. Mas o que você não sabe é que um instrumento musical melhora a memorização, a concentração e o foco, facilitando o processo de aprendizado. Além do mais, se um dia você quiser abrir uma clínica própria, também precisará ter uma noção sobre gestão, administração e áreas afins.

Essa não é a forma como todo o nosso modelo escolar nos ensinou a pensar ao longo do tempo. Conclusão: você deixa de viver experiências que poderiam ajudar e complementar significativamente o seu trabalho.

Verticalizar-se pode ser positivo quando você se torna uma referência no mercado, pois empresas e profissionais costumam pagar muito bem por isso. Mas cuidado: dedicar-se somente a um conhecimento pode fazer você criar uma visão de túnel. Quando você dirige dentro de um túnel, não consegue ver o que tem do lado de fora. E, então, perde o senso crítico sobre o funcionamento do mundo.

A verticalização em excesso nos torna incapazes de ter uma visão analítica sobre o que acontece ao nosso redor, sendo que o mundo é composto por infinitas áreas que se entrelaçam, se juntam e se cruzam. Isso quer dizer que nenhum conhecimento é descartável ou em vão. Qualquer conhecimento é útil para algo.

Horizontalizar-se, por outro lado, é justamente o contrário. É sair desse túnel e expandir as possibilidades. Você se equipa com diferentes experiências e conhecimentos na esperança de que um dia conseguirá juntar tudo isso e criar algo novo e original, capaz de agregar valor para a sociedade.

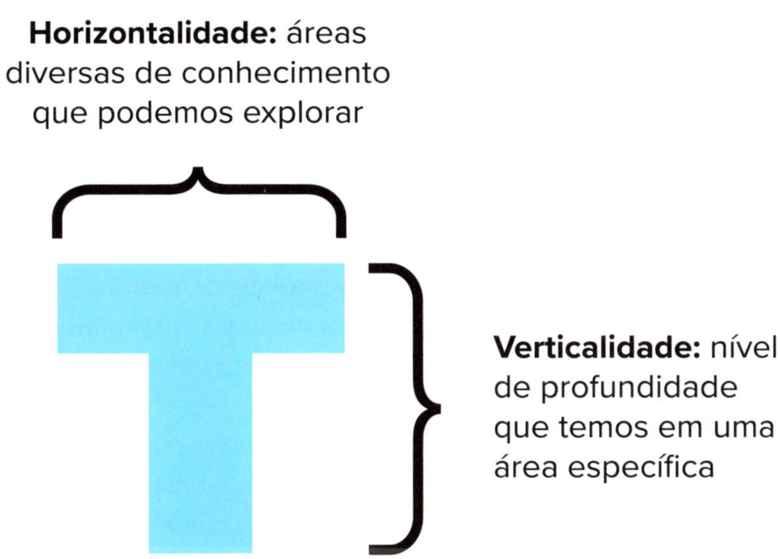

Em algumas faculdades, os alunos podem fazer matérias optativas, ou seja, que não são obrigatórias na grade curricular, mas contribuem para ampliar o conhecimento. A tendência é que, ao montarem suas grades, os alunos escolham disciplinas optativas que sejam similares à abordagem geral de seu curso. Por exemplo, um estudante de engenharia que não gosta de sociologia poderia pensar: "Eu nunca vou usar isso para minha profissão. Só preciso ser bom em cálculo". Mas aqueles que sabem da importância de se horizontalizar aproveitariam cada segundo dessa aula – ainda mais tendo a consciência de que qualquer máquina pode ser capaz de fazer cálculos.

Sociologia, por outro lado, é uma das matérias que pode ajudá-lo a desenvolver habilidades que poucos profissionais têm, como a capacidade de entender o comportamento humano, saber conviver em sociedade, trabalhar com ética, entre outras. Indivíduos que detêm esses insumos estarão à frente no mercado, já que atualmente a demanda é por pessoas com *soft skills*, ou seja, com habilidades comportamentais e emocionais relacionadas a colaboração, boa comunicação, liderança, bom relacionamento em equipe, trabalho sob pressão etc.

No mundo dos negócios, uma visão abrangente é bastante valiosa. Pois quem empreende não precisa ser uma pessoa que sabe de tudo, mas precisa ser capaz de enxergar potencial naqueles que são verticais.

Por exemplo, se você quer abrir uma agência de *marketing* digital, precisa saber recrutar os profissionais certos para cada área do seu negócio. Que perfil e habilidades um especialista em *growth hacking* precisa ter? E o vendedor? E o redator?

Então, se seu objetivo é trabalhar para uma empresa, pode ser que verticalizar-se seja vantajoso. Afinal, você será contratado por cargo e receberá funções específicas. Por outro lado, se empreender for mais seu estilo, horizontalidade é o caminho.

O ponto é que, se seu diploma é de engenheiro, isso não deve criar um rótulo sobre quem você é, mas apenas denominar um estado temporário do que você está fazendo. Porque as necessidades do que você fará para a sua vida e para a sociedade estão em rápido estado de mudança. E a única forma de garantir que não vamos perder nossas fontes de renda para máquinas é desenvolvendo diversas habilidades que máquinas dificilmente conseguirão ter (pelo menos no curto prazo), por exemplo, *design* de produtos, gestão de pessoas, atletismo, artes, edição de vídeos, *motion graphics* etc.

Acontece que, devido à estagnação de nosso modelo de ensino, essas mudanças circunstanciais trarão um impacto severo na vida de muitos que não aprenderem a se adaptar a um mundo de rápidas mudanças. Naturalmente, o surgimento de novas tecnologias gera novos empregos. Porém, estes serão cada vez menos comoditizados[2] e mais qualificados.

Por exemplo, a tecnologia que substitui atendentes por caixas eletrônicos gera a demanda por pessoas capazes de manter essa tecnologia. Dificilmente antigos atendentes de caixa eletrônico terão capacidade técnica para isso. Isso significa que pessoas que não receberam um ensino de qualidade, que não se horizontalizaram ou que não se qualificaram nas áreas tecnológicas, de qualquer forma, ficarão para trás.

Como disse, esse é um processo inevitável. De nada adianta tentar frear o futuro. Por outro lado, podemos amenizar o baque por meio da atualização de nosso modelo de ensino. Veja bem:

Um modelo educacional que ensina as pessoas a pensarem de acordo com as necessidades de dois séculos atrás é a forma mais eficiente de trazer inconformismo, insatisfação pessoal, desemprego e crise. No mundo de hoje, alunos com diferentes habilidades, necessidades e sonhos são avaliados pelos mesmos critérios e medidos pela mesma régua. Eles aprendem as mesmas áreas de conhecimento que, muitas vezes, estão longe de ser as mais importantes para ajudá-los a resolver os problemas reais do mundo.

Somos ensinados na escola sobre as nuances que diferenciam briófitas, pteridófitas, angiospermas, gimnospermas e também estudamos os processos geológicos que dão origem às rochas metamórficas e magmáticas. Sabemos de cor as três leis de Newton, e estequiometria é praticamente uma *best friend forever*. Mas nada estudamos sobre dinheiro, por exemplo.

Certamente devemos reconhecer a importância da catalogação de plantas e rochas. Afinal, biologia e geologia são ciências indispensáveis para a evolução do conhecimento humano. No entanto, é seguro assumirmos que são poucos aqueles que se aprofundam nos estudos desses assuntos após saírem da escola.

Mas todos lidam com dinheiro. Independentemente do emprego que venhamos a ter – advogado, médico, engenheiro, astronauta ou músico –, todos temos que lidar com dinheiro. Ainda assim, muito do nosso valioso tempo na escola é preenchido estudando assuntos que provavelmente não terão relevância em nosso futuro.

Enquanto isso, perdemos nosso tempo e deixamos de ser ensinados sobre assuntos completamente relevantes para o futuro de qualquer cidadão:

Como se planejar financeiramente para alcançar seus objetivos? Como investir para viver de renda? Como usar o cartão de crédito? Quando contrair empréstimos e financiamentos? Como contar histórias? Como se controlar emocionalmente? Como ser carismático? Para o que serve o Banco Central? Como empreender num emprego CLT? Como atacar problemas abrindo negócios? Como validar uma ideia de negócios na prática? Como escolher um time? Como manter um time motivado? Como escalar[3]? Como criar *equity*? Como enriquecer?

Todas essas perguntas deveriam ser respondidas no ensino básico – o ensino que qualifica a todos com os conhecimentos básicos e indispensáveis para podermos nos autodenominar cidadãos. E, assim, os conhecimentos mais aprofundados de áreas específicas deveriam ser respondidos em cursos profissionalizantes, cursos técnicos, cursos de Ensino Superior e pós-graduação.

Não há por que queimar a largada ensinando ciclo de Krebs para jovens que mal sabem a diferença entre poupança e tesouro Selic, como eu explico no capítulo 8. A direção deve ser da base para o topo; do horizontal para o vertical; do básico para o técnico.

A necessidade de mudança do nosso modelo de ensino está tatuada em nossos problemas sociais do século XXI. É preciso formar pessoas que tenham senso crítico para identificar problemas reais e que sejam munidas com os conhecimentos para atacar tais problemas de maneira criativa e inovadora. Para isso, o processo de ensino deve caminhar num sentido menos padronizado e mais personalizado; menos técnico em poucas matérias e mais amplo em várias áreas de conhecimento; menos decoreba e mais mão na massa; menos teórico e mais útil para a vivência em sociedade. E são essas áreas de conhecimento que este livro te trará.

APRENDENDO COM QUEM FEZ

A educação de base é o principal agente de conscientização e construção de caráter para uma população mais rica e com menos desigualdades. Ao identificarem as novas necessidades do mundo atual, alguns países desenvolvidos resolveram mudar a dinâmica das salas de aula e o método de ensino e tiveram resultados surpreendentes.

FINLÂNDIA

Há 40 anos, a Finlândia realizou uma grande reforma educacional que fez com que o país fosse coroado como o melhor sistema escolar do mundo. Seus alunos estão entre os maiores realizadores em matemática, leitura e ciências. O sistema é 100% financiado pelo Estado, e o mais incrível é que o país ainda gasta 30% a menos por aluno do que os Estados Unidos. Isso é um indício de que a eficácia de um modelo educacional depende mais da mudança de método do que propriamente da quantidade de dinheiro que é investido.

Enquanto a maioria dos sistemas educacionais é focada em avaliar e aplicar provas, na Finlândia é diferente. Então, o que torna o sistema educacional do país diferente e tão bem-sucedido?

Para começar, diferentemente da maioria dos países, as crianças finlandesas não iniciam a educação formal aos 5 ou 6 anos, mas sim aos 7. Até a adolescência, elas praticamente não fazem trabalhos de casa ou exames; tampouco são testadas nos primeiros seis anos.

A ausência de competição e pressão acadêmica permite que as crianças sejam livres e possam desenvolver a habilidade de aprender de verdade, não apenas para passarem nos exames e serem rotuladas por números em um pedaço de papel.

O único teste obrigatório que precisam fazer é aos 16 anos, no final do Ensino Médio.

Na Finlândia, crianças não são separadas por notas; todas elas são ensinadas na mesma classe, o que permite que as que têm mais dificuldades aprendam com as que têm maior facilidade. Nas turmas de ciências, para que todos os alunos possam participar de experimentos científicos, as salas são limitadas a 16 estudantes por vez. Isso cria um ambiente de proximidade com o professor e de personalização do ensino para os alunos. E esse excelente ambiente de aprendizado faz com que 66% dos estudantes finlandeses consigam ingressar nas faculdades, consideradas as mais difíceis da Europa.

REINO UNIDO E CANADÁ

Em 2014, uma escola de Londres, percebendo que havia muitos alunos com dificuldade para acordar cedo, resolveu iniciar suas aulas um pouco mais tarde. E foi comprovado que, ao iniciar os estudos 25 minutos depois do horário anterior, houve aumento nos níveis de alerta, o que significa que os alunos estavam mais aptos a se concentrar sem precisar recorrer à cafeína.

Em 2009, uma escola em Kent, interior da Inglaterra, mudou o horário de início de aula para 11h30. O resultado foi que a pontualidade e a frequência dos adolescentes melhoraram significativamente. Por estarem mais alertas, além das respostas terem melhorado, os estudantes passaram a fazer lições muito mais rapidamente.

Uma escola de Tyneside, também na Inglaterra, da mesma maneira viu uma alteração positiva ao mudar o horário: a taxa de abstenção nas aulas caiu um terço, ao passo que o desempenho acadêmico aumentou. Em Toronto, Canadá, o Eastern Commerce Collegiate Institute foi uma das várias escolas a implementar mudança semelhante no horário de início, pelo mesmo motivo.

Embora essas transformações ainda não tenham sido escritas e definidas no sistema educacional oficial desses países, os resultados positivos gerados provam que são dignas de serem levadas em consideração na melhoria do ensino.

ÍNDIA

Localizada em Gujarat, na Índia, a Riverside School nasceu em 2001 com a proposta de empoderar os alunos. Todos os dias, antes das aulas começarem, o professor faz uma reunião com os alunos para debater as atividades que serão realizadas no dia. Diferentemente do ensino tradicional, os estudantes participam da decisão e podem escolher o que querem aprender. Dessa forma, ficam mais estimulados a se engajar no processo de aprendizagem.

Na sala de aula, eles são incentivados a construir o próprio conhecimento por meio de trocas com os seus colegas de classe, professores e até com os próprios pais, que também podem participar das aulas. Além de aprenderem conteúdos escolares, as crianças são ensinadas a identificar problemas na comunidade em que vivem, propor soluções e aplicar na prática – por exemplo, como produzir doces para serem vendidos em um evento beneficente. A proposta da escola é fazer com que a criança não apenas aprenda matérias escolares, mas tenha autonomia para criar o seu próprio futuro e consciência para contribuir para mudança social.

A Riverside School se tornou referência em aprendizagem. Embora as avaliações não sejam a proposta central da escola, as notas dos estudantes em matemática, inglês e ciências superam a média nacional.

HOLANDA

Se você é um dos que defendem o uso da tecnologia no ensino, há muito que aprender com os holandeses. Na Holanda, foi implementado um modelo educacional chamado "Educação para uma nova era", conhecido como "O4NT", na língua nativa.

Onze "iPad Schools" ou "Steve Jobs Schools" foram abertas no país. iPads e aplicativos substituíram os recursos tradicionais, como livros e quadros de giz. Os criadores desse modelo identificaram novas necessidades das transformações tecnológicas e afirmam que essa é a melhor forma de preparar os alunos para o mundo fora da escola, equipando-os com as ferramentas necessárias para tirarem o máximo de proveito das vantagens oferecidas pela tecnologia.

Para essas escolas, tecnologias como o iPad não são uma distração, mas sim recursos que têm forte valor educacional e que desempenham um papel fundamental no processo de aprendizagem, uma vez que a geração atual já tem prática em usar dispositivos tecnológicos. O iPad é transformado em uma sala de aula virtual em que a criança recebe aulas particulares e tem um modelo de ensino personalizado. Elas também podem acessar o pátio e o *playground* virtualmente.

Mas elas continuam indo às escolas e participando de diversas atividades educacionais em conjunto para que aprendam a socializar. Sem serem separadas pelas classes etárias tradicionais, as crianças são agrupadas em duas faixas etárias – de 4 a 7 anos e de 8 a 12 anos –, e há uma classe para cada disciplina. Em vez de ficarem na frente dos alunos ensinando matérias, os professores se tornam "treinadores", tendo a função de ensinar e direcionar as crianças a buscarem, elas mesmas, o conhecimento.

Como o ensino ocorre por meio do iPad, os pais podem acompanhar o que os filhos estão fazendo em casa por meio de um aplicativo. As crianças também têm acesso a um portfólio que contém todas as suas realizações (tarefas e atividades).

A educação nas Escolas Steve Jobs pode funcionar 24 horas por dia, sete dias por semana, 365 dias do ano, o que significa que o horário escolar e as férias são muito flexíveis, permitindo que os pais decidam quando seus filhos devem estudar ou quando devem tirar férias.

A Holanda ainda não conseguiu estabelecer esse modelo para todas as escolas. Porém, isso certamente já está em discussão, e não vai demorar para que a tecnologia seja adotada de modo mais amplo no aprendizado.

ESTADOS UNIDOS

Há doze anos, a HO Wheeler School, localizada em Vermont, Estados Unidos, quase precisou fechar suas portas. A escola tinha uma das piores notas do estado. Foi então que decidiu mudar o método de ensino: todas as disciplinas seriam ensinadas por meio da arte, e não haveria mais testes padronizados. Por exemplo, o professor de matemática passou a ensinar geometria com arte abstrata.

Com essa metodologia, as crianças ficam mais engajadas, são estimuladas a desenvolver a criatividade, e a experiência artística faz com que elas se concentrem no processo de aprendizado. O resultado disso foi que as notas dos alunos melhoraram significativamente. Em matemática, por exemplo, a nota mais que dobrou.

Agora, a escola tem uma lista de espera de pessoas que querem colocar seus filhos para estudar lá[4]. Há doze anos, a HO Wheeler School se encontrava em 193º na classificação estadual. Em 2019, a escola subiu para a 85ª colocação[5].

O LADO POSITIVO DA INTERNET

Há muitas lições que podemos aprender com esses modelos inovadores de educação que estão levando em consideração as transformações do mundo, principalmente porque os métodos tradicionais, além de ainda rejeitarem o uso da tecnologia no aprendizado, nem sempre são os mais eficazes para preparar os alunos para a vida atual e futura.

Todas essas experiências nos dão um breve vislumbre sobre como nosso modelo educacional poderia ser. Em um mundo cada vez mais tecnológico, é preciso entender as vantagens de abraçar a tecnologia nas salas de aula em vez de recriminá-la. No século XXI, é evidente a tendência natural da simbiose humana com a tecnologia, pois ela é parte indispensável da forma como nos comunicamos, interagimos e criamos relacionamentos.

Abominar a tecnologia é abominar nosso próprio futuro.

O ensino deve atuar como um microcosmos do mundo em que vivemos, apresentando as ferramentas necessárias para que o indivíduo esteja apto a encarar qualquer problema gerado pelas mudanças e a prosperar na sociedade após sair da escola. Possivelmente todos já nos deparamos com a crença de que a tecnologia e seus derivados – como a internet – afastam as pessoas. Um dos grandes argumentos contra a internet é que somos bombardeados com fotos da vida perfeita de nossos amigos nas redes sociais e acabamos comparando o palco dos outros (seus perfis) com os nossos bastidores (nosso dia a dia da vida real).

Isso nos trouxe uma série de novas implicações psicológicas conhecidas pelo surgimento da internet. Tiramos o celular do bolso mesmo quando não o sentimos vibrar. Pensamos senti-lo vibrar mesmo quando não houve notificação. Preenchemos o tédio de breves momentos de solidão pulando de vídeo em vídeo no TikTok. E recebemos biologicamente uma carga do hormônio dopamina toda vez que abrimos o Instagram para ver quantos novos *likes* e comentários recebemos em nosso último *post*.

Segundo estudos da Universidade da Coreia, em Seul, Coreia do Sul, adolescentes que são viciados em dispositivos tecnológicos têm maior probabilidade de sofrer com problemas psicológicos, como depressão, ansiedade, insônia e impulsividade. Sem contar que exames de ressonância magnética mostraram que essa dependência provoca alterações no equilíbrio químico do cérebro[6].

De fato, a internet gerou novos problemas para a sociedade. O mundo muda. Acontece que, quando nos deparamos com uma mudança ou uma transformação grande, culturalmente tendemos a dar mais ênfase aos pontos negativos.

Mas e os pontos positivos?

Pensar que a internet só causa consequências negativas e que, por isso, deve ser abominada é abdicar de uma ferramenta muito poderosa que temos em mãos. A internet só é ruim para aqueles que não sabem utilizá-la para o bem. Nela, podemos escolher conteúdos que queremos consumir, ter acesso a uma vasta gama de conhecimentos e realizar trabalhos que, sem ela, levariam muito tempo ou talvez seriam impossíveis.

Dizer que a internet é um ambiente de falsidade, mentiras e causadora de doenças psicológicas é o argumento dado por aqueles que não veem todos os pontos em que a internet pode ser usada para o bem. Por isso, recriminar um aluno por estar usando o celular em sala de aula é educar por opressão. Essa é uma tática antiquada, ineficiente para a realidade atual.

O aluno vai poder usar seu celular em qualquer circunstância da vida real. Logo, será que talvez não seria mais pertinente permitir que seus alunos usassem o celular para fazer pesquisas, visualizar exemplos práticos de aulas teóricas e usufruir de outras possibilidades que facilitariam o aprendizado? Ou, quem sabe, incentivá-los a se concentrar no momento presente, ensinando-os a controlar suas tentações e a resistir à vontade de pegar o dispositivo?

Saber resistir às tentações é uma habilidade útil para qualquer momento de nossa vida. Precisamos terminar um trabalho da escola, mas o que queremos mesmo é jogar Fifa; ou precisamos chegar mais cedo ao trabalho para organizar o escritório, mas o que queremos mesmo é continuar na cama.

A tecnologia deve ser simbiótica ao ser humano, não algo a ser evitado. Precisamos encarar a verdade de que a internet, as notificações no celular, os vídeos de 15 segundos e as mensagens instantâneas já fazem parte da vida de todos nós. Precisamos aprender a lidar com isso e a prosperar em parceria com essas mudanças. Quando aproveitamos a tecnologia com a intenção de fazer o bem, ela só tende a nos trazer vantagens.

E creio poder te convencer disso.

UM POUCO DA MINHA HISTÓRIA

Como vamos passar as próximas centenas de páginas juntos, tudo bem eu compartilhar um breve resumo de minha história?

Meu pai dizia que, se não tivesse se tornado engenheiro, ele seria músico. Todo sábado, ele colocava alguns DVDs da década de 1980 e 1990 para preencher nossas manhãs. Era incrível o repertório de bandas e músicas que ele conhecia. Várias vezes me perguntei como era possível caber na cabeça de um único indivíduo o nome de tantos artistas, álbuns e canções. Qualquer coisa que você perguntava, ele conhecia.

Quando eu tinha uns 6 ou 7 anos, meu pai me deu um violão de presente. Ele não sabia tocar muito, apenas duas ou três músicas que havia tirado de ouvido quando era adolescente, mas foi ele quem me ensinou os primeiros acordes. Rapidamente, eu aprendi. Então, ele decidiu me colocar para fazer aulas de violão, para que eu evoluísse.

Uma coisa foi puxando a outra. Por causa de meu pai, acabei também fazendo aulas de piano, bateria e *ukulele*. Resumindo: horizontalizei-me no mundo da música. O contato com a música que meu pai me proporcionou foi muito importante para o que veio a acontecer na minha vida posteriormente.

Por gostar tanto de música, eu assistia a vídeos no YouTube de americanos que, sozinhos, tocavam vários instrumentos, gravando cada cena individualmente, e depois formavam um conjunto de quadros no vídeo, como se fosse uma banda de um homem só. Eu queria fazer aquilo, mas não sabia gravar e editar vídeo, muito menos tratar áudio. Então, fui ao YouTube – um dos melhores professores que tive na vida – e aprendi como fazer tudo aquilo, para produzir as gravações e postar meus vídeos.

Aqui há alguns resultados de vídeos que fiz:

I Won't Give Up
Jason Mraz Cover

How to Save a Life
The Fray Cover

Esse foi o meu primeiro contato com o YouTube como criador. Mas eu nunca levei isso muito a sério. Eu era criança, tinha as minhas prioridades como aluno, e YouTube era apenas um *hobby*.

Mas minha vida mudou no dia 3 de setembro de 2010. Naquela manhã, eu havia acordado com os soluços de choro da minha mãe, vindos da sala de estar. Levantei da cama e fui até ela. Quando me viu entrar, ela pediu que eu me sentasse no sofá. Limpando as lágrimas, contou que meu pai havia sofrido um acidente de carro e foi encontrado morto na avenida Brasil, no Rio de Janeiro.

Eu tinha 13 anos. Senti que tudo seria diferente. Eu precisaria cuidar de minha mãe e minhas irmãs e desenvolver um senso de responsabilidade que honrasse os ensinamentos que meu pai deixou. Ele sempre falava da importância da organização, do planejamento e da disciplina para mantermos um ambiente arrumado. Meu quarto costumava ser o oposto disso.

No dia em que soube da notícia, fui arrumar meu quarto. Naquele momento em que minha mãe estava ajoelhada na minha frente, percebi que nunca mais veria um sorriso de aprovação de meu pai e entendi que deveria ter dado mais atenção para orgulhá-lo enquanto ele estava vivo. Contudo, agora que ele tinha ido embora, eu não iria desonrar os ensinamentos que ele se esforçou tanto para me passar e que, até então, preguiçosamente eu tinha deixado de lado. Por isso levantei e arrumei o quarto.

Como meu pai voltava do trabalho no momento do acidente, minha mãe, minhas irmãs e eu recebemos uma indenização da empresa em que ele trabalhava por "acidente de trabalho" – 72 mil reais. Esse dinheiro ficou guardado em uma conta-poupança até meus 18 anos, quando finalmente tive acesso a ele.

Na prática, isso não mudou muita coisa. Sempre pensei que, em circunstâncias "normais", eu jamais teria acesso àquele dinheiro. Então, nunca perdi muito tempo pensando que poderia me dar ao luxo de gastá-lo em coisas que não fossem orgulhar meu pai.

No Ensino Médio, eu estava absolutamente certo de que queria seguir o caminho da medicina. Minha aspiração profissional era ser cirurgião plástico. Com isso, era muito claro para mim que o dinheiro de meu pai seria usado para auxiliar na compra de equipamentos para eu montar minha própria clínica e pagar o aluguel do espaço.

No entanto, depois de seis meses cursando medicina, atingi pela primeira vez meu ponto de incongruência. Havia uma matéria chamada "saúde da família", em que de vez em quando visitávamos comunidades carentes do Rio de Janeiro para prestar atendimento a pessoas que não tinham condições de se deslocar até os postos públicos de saúde por conta própria.

A realidade adversa dos pacientes com quem convivi me afetava mais do que a meus companheiros de turma. Saber que muitas daquelas pessoas viviam numa situação tão precária e sem condições de pagar por tratamento devido me fez carregar por semanas um sentimento profundo de tristeza e negativismo.

Assim, desenvolvi um senso de admiração pelos médicos; especialmente aqueles do sistema público. Conseguir encarar tanta tristeza e, ainda assim, voltar para casa com um sorriso no rosto para seus filhos requer um controle emocional impecável.

Mas eu não consegui prosseguir.

Eu não via mais sentido em passar por todo o processo necessário para me tornar um cirurgião plástico. Afinal, para mim, isso significaria me dispor a viver lado a lado com aquela tristeza por seis anos, até terminar a faculdade, e, quem sabe, por mais alguns anos durante a residência. Decidi abandonar a formação de Ensino Superior que acreditei, durante todo o meu Ensino Médio, que me preencheria por toda a vida.

Nesse momento, fiquei sem saber o que fazer. Nunca tinha pensado que deveria formular um "Plano B", caso não gostasse do "Plano A". E agora?

Como eu tinha facilidade em exatas na escola, me interessava pelas leis naturais que regem o Universo e gostava muito de uma série apresentada por Neil deGrasse Tyson, chamada *Cosmos*, decidi que iria fazer física. Porém, minha mãe me convenceu a tentar engenharia, pois, segundo ela, "física no Brasil não dá dinheiro".

Entrei na Universidade Federal do Rio de Janeiro para fazer engenharia ciclo básico, uma espécie de curso em que se estudam todas as matérias comuns dos cursos especializados de engenharia para depois definir qual especialização seguir.

Entretanto, durante esse tempo, após largar medicina, uma indagação que não me fazia há anos voltou à minha mente: como vou gastar aquele dinheiro de meu pai? Eu não tinha mais pretensões de abrir um consultório médico e não via como a engenharia me faria achar uma resposta.

Ironicamente, talvez uma das melhores coisas que poderia ter acontecido foi eu não ter encontrado essa resposta. Afinal, justamente por não saber o que fazer com o dinheiro, comecei a buscar formas de fazê-lo render da melhor maneira possível até descobrir.

Render melhor... Onde eu encontrei essa informação?

Naquele grande professor.

Procurei no YouTube:

Como começar a investir?

E foi assim, inicialmente por canais de educação financeira no YouTube, que um novo mundo se desdobrou para mim – finanças pessoais, renda fixa, variável, dólar, diversificação de patrimônio e renda passiva. Aprendi que o dinheiro de meu pai não precisava ser gasto. Ele poderia ser investido em ativos – produtos financeiros que se valorizam e colocam mais dinheiro no nosso bolso ao longo do tempo.

Esses ativos me gerariam uma renda consistente. E, com essa renda, eu poderia, algum dia, me tornar livre financeiramente. Aprendi que, se eu mantivesse a disciplina para investir todos os meses conforme fosse recebendo minha renda, um belo dia eu não precisaria mais trabalhar por dinheiro, pois o dinheiro estaria trabalhando por mim. Para mim, isso era como tomar a pílula vermelha da Matrix. Eu poderia me aposentar nos meus próprios termos. Sem depender de INSS. Sem depender de governo.

A internet não só me deu a possibilidade de adquirir conhecimentos que eu nem sequer sabia que existiam, mas também mudaria completamente o caminho que eu seguiria em minha vida.

Estudar finanças tão novo me muniu com uma competência que poucas pessoas da minha idade tinham. Percebi isso em conversas despretensiosas sobre Copom e taxa Selic, análise fundamentalista, *valuation*, stocks e criptomoedas. A maioria dos meus amigos não entendia sobre o assunto, nem minha mãe, nem mesmo meus professores.

Enquanto estudava finanças e aplicava na prática os conhecimentos que adquiri a princípio no YouTube e, posteriormente, em livros, artigos de blogs, e-books e cursos, também conheci a Fluxo Consultoria. A Fluxo é uma empresa júnior (EJ) da UFRJ. Uma empresa júnior é um negócio sediado dentro de uma faculdade, administrado inteiramente pelos estudantes.

Em uma EJ, os alunos gerenciam toda a estrutura do negócio: controle financeiro do dinheiro que entra, sai e é investido; elaboração de estratégias de *marketing* para posicionar a empresa no mercado; venda de projetos para clientes; execução desses projetos; produção de pôsteres e vídeos; gestão de pessoas; definição de metas; liderança de equipe; criação de departamentos; admissão de novos membros; eventos de integração. É uma empresa propriamente dita, inserida no mercado real com CNPJ[7] e tudo.

Ser admitido na Fluxo foi um daqueles momentos virada de chave. Porque entrei em contato com uma área de conhecimento que não sabia que existia: negócios. E, ao aprender sobre negócios, desenvolvi uma vontade irremediável de ter o meu próprio negócio. Afinal, minha convivência na Fluxo já tinha me dado uma boa noção de como uma empresa rentável deveria ser e o que fazer para ganhar dinheiro no mercado por meio do empreendedorismo.

A partir daí, as coisas foram se juntando. Então, tive a ideia de compilar uma série de outras competências que adquiri em momentos desconexos da minha vida e associá-las com negócios e educação financeira:

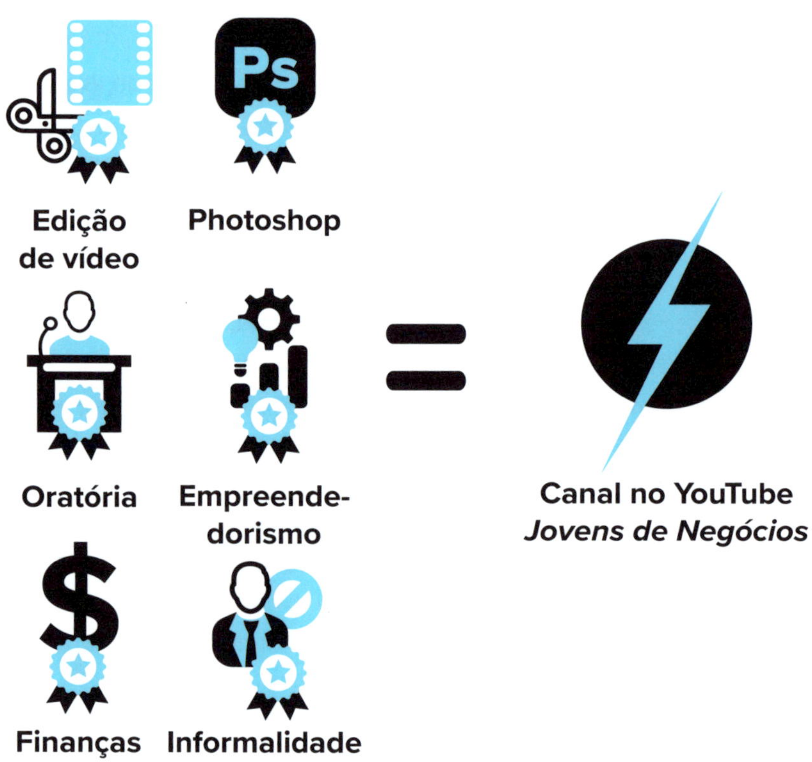

Os aprendizados inicialmente adquiridos a partir de alguns youtubers, associados à minha vivência na Fluxo, me fizeram querer começar meu próprio canal. A internet me deu o conhecimento para saber como lidar com dinheiro e ainda me mostrou um caminho pelo qual senti uma forte atração. No momento em que este livro foi escrito, já temos mais de 50 milhões de visualizações no canal *Jovens de Negócios*. Nós falamos com 3 milhões de pessoas todos os meses e contribuímos para, cada vez mais, levar informações sobre empreendedorismo e educação financeira aos jovens, que também não teriam fácil acesso ao conteúdo se não fosse pela internet.

Abraçar a tecnologia é deixá-la cumprir o papel que hoje professores não conseguem: dar atenção personalizada aos alunos. Na internet, há diferentes perfis de professores ensinando os mesmos assuntos de diferentes formas para públicos diversos. Quando comecei a falar de finanças, já existiam canais similares que abordavam o mesmo assunto, como *O Primo Rico*, *Me poupe!*, *Gustavo Cerbasi*, *EconoMirna*, *Bruno Perini*, *Pit Money* e *Canal do Holder*. Mas a *Jovens de Negócios* ganhou visibilidade do mesmo jeito.

Há 7 bilhões de pessoas no mundo, todas diferentes umas das outras. Sempre haverá pessoas que se identificam mais com você do que com outro. Então, ao nos expormos, fazemos um favor à sociedade: facilitamos o aprendizado de pessoas que se identificam com o nosso jeito.

Cada indivíduo munido de internet progride em seu próprio ritmo, buscando conhecimentos de que gosta, em vez daqueles que são impostos – como no modelo tradicional escolar. A internet já é uma escola que forma indivíduos todos os dias.

Por isso, é imprescindível que ela seja amplamente adotada nas escolas para oferecer um ensino mais personalizado. Em um futuro próximo, exercícios de diferentes níveis de complexidade poderão ser cuidadosamente selecionados por inteligência artificial para melhor se adaptarem ao nível de cada aluno em determinada matéria. Incentivar jovens a utilizar *tablets*, por exemplo, é uma maneira mais inteligente de prepará-los para a realidade do que recriminá-los por isso.

Quer dizer então que a presença de um professor nas salas de aula não faz sentido?

Pelo contrário.

Professores têm um dos papéis mais importantes na sociedade: alcançar o coração de alunos e fazê-los se apaixonar por determinado assunto, mostrando-lhes como aquele conhecimento pode ser útil no mundo. **Lembre-se:** quando a tecnologia reinar, as profissões que exigem contato humano e criatividade serão as mais demandadas da sociedade.

Dessa forma, os professores deixam de ter um papel de figura autoritária e passam a ser companheiros dos alunos, suprindo individualmente as questões de cada um e incentivando o pensamento crítico e criativo – competências que robôs tardarão a desenvolver. E a escola, no geral, deixa de ser um lugar feito para abrigar centenas de estudantes, que ficam sentados durante sete horas por dia, e passa a ser um lugar dinâmico, de interação social, desenvolvimento humano e outras *soft skills*, permitindo, acima de tudo, que sejam livres para explorar seus potenciais – quaisquer que sejam.

Porém estimular as potencialidades que existem dentro de nós não é apenas função da escola. Esse processo se inicia antes mesmo de aprendermos a falar. A maneira como somos educados desde os primeiros anos de vida é o que exercerá grande influência sobre os nossos comportamentos sociais e, principalmente, sobre a nossa felicidade.

Qual foi o principal *insight* que você teve até agora?

....

....

....

....

....

....

....

....

....

....

Marque **@brenoperrucho** no Insta
e coloque a **#oqueoensinonaoteensina**

CAPÍTULO 2

O ENSINO NÃO TE ENSINOU A SER FELIZ

VOCÊ JÁ DEVE TER OUVIDO falar que a educação começa dentro de casa. E não é mentira. Logo que saímos da barriga da nossa mãe, começamos uma longa jornada de aprendizagem, seja por meio das palavras que ouvimos, dos gestos que observamos ou das situações que presenciamos. Apesar de, muitas vezes, não os compreendermos muito bem, todos esses fatores contribuem para formar nossa consciência, nossa visão de mundo e nossa personalidade. Por isso, a família é a primeira referência que temos de como nos comportar em sociedade.

Nos primeiros anos de vida, aprendemos habilidades básicas, como falar e andar. Descobrimos que podemos nos expressar por meio da fala e ser livres para irmos aonde quisermos. Então, quando pegamos o jeito, não paramos mais. Começamos a correr para lá e para cá e a tagarelar sem parar, perguntando aos nossos pais "Por quê?", "Por que tem nuvem no céu?", "Por que a gente faz xixi?".

E, em nossos primeiros anos de vida, em razão da profunda curiosidade despertada pela vastidão de coisas que desejamos entender sobre o mundo, muitas vezes as respostas não são suficientes.

"Mãe, por que eu preciso ir para a escola?"

"Porque você precisa estudar."

"Por que eu preciso estudar?"

"Para ficar inteligente e ser alguém na vida."

"Por que eu não posso ficar em casa com o papai jogando bola?"

"Porque não."

"Mas por que não?"

"Porque eu disse que não, e ponto-final."

E quando nossa curiosidade não consegue ser suprida pelas respostas de nossos pais, somos introduzidos – por bem ou por mal – à cultura do "não".

Começam a vir as primeiras broncas. Aprendemos que questionar demais não é bom. E, assim, preferimos nos manter sentados e quietos a ser falantes e agitados. Como disse o astrofísico Neil deGrasse Tyson:

Nos primeiros anos de vida, os pais ensinam seus filhos a falar e andar. Quando conseguem, passam o resto do tempo dizendo para eles sentarem e calarem a boca.

Ao nos comportarmos de maneira desagradável aos olhos de nossos pais, eles começam a nos impor limites e a reprimir atitudes que não são moralmente aceitas pela sociedade. Isso acontece porque querem que nos encaixemos no senso comum da maioria, dentro de um conjunto de regras que definem o que é ser alguém de boa conduta. Assim, para sermos reconhecidos pelos pais e aceitos pela sociedade, passamos a nos comportar da forma como eles esperam.

Por exemplo, um bebê é curioso por natureza. Quando ele começa a engatinhar pela casa, naturalmente sente inclinação para interagir com seus arredores. Ele encontra uma panela a uma distância acessível e fica intrigado com seu brilho chamativo. Como sua coordenação motora ainda não é bem desenvolvida, então, na tentativa de pegar a panela, a criança a derruba no chão com um estardalhaço. A mãe ouve o barulho e começa a gritar com o filho. E ele não entende o porquê de a mãe estar tão agitada.

No outro dia, o filho vê a mesma panela no mesmo lugar e tenta novamente pegá-la para analisá-la mais de perto. A panela cai, e numa segunda vez a mãe grita com ele, estressando o ambiente. Assim, o filho entende que, "se eu pegar a panela, a mamãe vai ficar brava". Como ele não tem sensações agradáveis quando sua mãe fica brava, ele decide não se aventurar mais para tentar pegar a panela.

O "não" é uma ferramenta eficiente no processo de padronização social. Por ser uma palavra de poder, ela é capaz de formar a índole e o caráter do indivíduo, ensinando o que é certo e errado e mostrando a importância de se ter respeito com o outro, com as liberdades individuais, para uma vivência bem-sucedida em sociedade. Nesse quesito, a família acaba exercendo um papel fundamental na transmissão de valores éticos e morais para nos tornar cidadãos minimamente decentes.

Além disso, o "não" nos protege de muitas situações de risco, principalmente na infância, fase em que temos curiosidade de tocar em tudo e colocar objetos na boca. Quando os dedos vão ao encontro das tomadas, e os brinquedos vão ao encontro da boca, o poder inibitório do "não" pode evitar grandes acidentes.

Assim como a escola, a família é um dos mecanismos vigilantes que atuam para nos colocar (e nos manter) dentro das normas e dos padrões sociais. É uma instituição poderosa, pois é a primeira com que nos deparamos e a que exerce maior influência sobre nós, já que é na infância que nossa mente está mais fértil para ser moldada. Mas, como todas as formas de poder, a família também pode ultrapassar seus limites.

O problema é quando esse poder se torna abusivo ou é usado de maneira errada – quando o "não" passa a ser aplicado no que diz respeito à personalidade, à forma de pensar, ao estilo, à orientação sexual, às escolhas e a outros aspectos que não atrapalham a convivência harmônica em sociedade. Muitas famílias preferem dizer "não" ao que julgam estar fora dos padrões – seja por questões religiosas, políticas ou culturais –, em vez de deixar o caminho livre para o indivíduo ser quem deseja e continuar em sua jornada de experimentação e busca por autoconhecimento, que são parte do processo natural de sua aprendizagem e evolução.

O exemplo clássico disso é quando os pais obrigam os filhos a seguir a mesma profissão que seguiram ou quando projetam suas frustrações para serem supridas por eles. É o caso de filhos que se tornam médicos porque seus pais os convenceram de que medicina era uma carreira segura. Também de jovens que fazem direito para realizar o sonho de um pai que sempre quis ser juiz. Em muitas famílias, as únicas aspirações profissionais viáveis para seus filhos são aquelas permitidas pelos pais. O resto é "não".

Na medida em que os nãos vão se acumulando, os filhos vão perdendo a curiosidade por causa do medo da reprovação. E o que deveria ser preenchido com conhecimentos empíricos acaba sendo entulhado pelo que restou – os mesmos padrões e crenças passados de geração a geração. **O fim dessa história você deve conhecer: todos estarão felizes e cheios de orgulho, menos você. Afinal, ter o reconhecimento da família não significa que você será feliz. Alguém se identifica?**

No meio desse tiroteio de nãos, quem morre é a criatividade. Mas o que é criatividade? A maioria das pessoas associa essa palavra somente ao trabalho do artista. Porém ela vai muito além. Criatividade é a capacidade que temos de construir algo novo, de reinventar uma situação, conseguir enxergar uma saída nas dificuldades ou até modificar a realidade a partir de nossos conhecimentos e experiências. São as informações externas, que recebemos e depois armazenamos, que tornam esse processo possível. Ou seja, quanto mais experiências vivemos, mais conhecimento temos sobre o qual construir para criar coisas novas.

Quanto mais *inputs*, maiores as combinações possíveis para formar um novo *output*[8].

Se recebemos muito nãos de nossos pais, nos limitamos a uma quantidade menor de informações do que se tivéssemos sido encorajados a buscar novos *inputs*. Isso porque não temos contato com outras vivências além do que nos foi imposto e permitido. Por exemplo, você gostaria de fazer aulas de hipismo, mas seus pais não deixaram, pois só teriam dinheiro para pagar um cursinho de inglês que, segundo eles, era mais importante. Mas, se você quisesse, poderia muito bem aprender inglês pelo YouTube. Já andar a cavalo, não. Mais uma vez, um conjunto de habilidades e conhecimentos, que poderiam ter aumentado seu repertório criativo, foi desperdiçado porque seus pais achavam que não valia a pena.

Aos olhos da sociedade, essas são as "áreas proibidas", aquelas que desviam do caminho da garantia e da segurança. Diversas "áreas de conhecimento" acabam não sendo exploradas por conta dos nãos que recebemos a cada nova experiência que somos impedidos de viver. O que é biologicamente contraditório, pois a infância é o melhor momento para expor um indivíduo à maior quantidade de experiências possível.

De acordo com pesquisas do King's College London e da Brown University, a distribuição da mielina (substância responsável por proteger o circuito neural) é fixada a partir dos 4 anos. Isso sugere que o cérebro, antes dessa idade, é mais plástico. Ou seja, qualquer influência externa sobre o desenvolvimento do cérebro é mais forte nos primeiros anos de vida. É por isso que uma criança, antes dos 4 anos, tem mais chances, por exemplo, de se tornar fluente em vários idiomas[9].

A família nos ensina que, para encontrar a felicidade, é preciso seguir uma única fórmula, e a escola atua para reforçar ainda mais essa ideia: ser alunos exemplares, saber de tudo (ou melhor, decorar um monte de informações para uma prova e esquecer no dia seguinte), passar no vestibular, arranjar um estágio, formar-se, arrumar um emprego, ter dinheiro, casar, ter filhos e se aposentar. Conclusão: somos ensinados que seremos felizes apenas quando conquistarmos todos os crachás que as convenções sociais impõem, e que haverá um momento no qual poderemos, finalmente, jogar as mãos para o alto e fazer tudo o que sempre desejamos.

Vale esclarecer aqui que não há problema nenhum em seguir o roteiro-padrão. Se você nunca chegar a seu ponto de incongruência e ficar absolutamente satisfeito com o caminho que escolheu seguir, ótimo. O que importa é viver a vida da forma como você acredita. Porque parte da felicidade se manifesta em saber que somos livres para fazer nossas próprias escolhas.

Porém a liberdade não se conquista sem o pensamento crítico e o ceticismo. Afinal, perguntas abrem portas; afirmações as fecham. Questionar os dogmas, os acontecimentos à sua volta, entender como tudo veio a ser são formas de nos libertarmos das amarras que nos prendem ao senso comum. A busca incessante pela verdade significa não se contentar com explicações rasas:

Por que a Terra é redonda?

Porque Deus quis.

As pessoas crédulas aceitam respostas sem ao menos questioná-las. Elas não têm senso crítico, pois ficam presas dentro de uma caixa e não usam o questionamento para ir em busca da verdade. Por isso, oprimir a curiosidade é a forma mais eficiente de limitar o pensamento crítico, pois faz com que as pessoas se tornem meros espectadores da realidade, como passageiros dentro de um ônibus que não sabem para onde estão indo.

E uma vida de opressão é uma vida de constante aceitação. Somos ensinados a escolher profissões e trabalhar sem nem entender o porquê. Com isso, passamos a desenvolver justificativas rasas, que, na ausência de uma melhor, nos ajudam a satisfazer nossa lacuna de conhecimento. Por exemplo:

Por que precisamos de um emprego?

Porque sem emprego eu não como.

A consequência direta desse pensamento é o sentimento de que trabalhar é uma obrigação, algo chato e imposto contra nossa vontade – um mal de que não podemos escapar. Assim, quando um trabalhador de classe média se depara com alguém substancialmente mais bem-sucedido, automaticamente ele o repudia, pois acha injusto trabalhar muito mais e ter menos luxo que uma pessoa rica e bem-sucedida.

O que ele não sabe é que essa pessoa também precisou trabalhar muito para ter esses luxos. Segundo estudos da Fidelity Investments, publicado em 2018, 81% dos milionários são *self-made*, ou seja, não receberam herança nem nasceram em berço de ouro, mas construíram suas próprias riquezas[10]. Ou seja, é quatro vezes mais provável que um milionário tenha trabalhado para conquistar sua fortuna do que vivido no bem-bom durante toda a vida até receber uma herança que o isentasse para sempre de compromissos profissionais.

Para esse ricaço é fácil. Quando eu teria condições de ficar na piscina o dia inteiro tomando *piña colada*?

Olha que felicidade desse famoso, com aquele Porsche. Ser feliz assim é mole!

O repúdio pelo trabalho e a inveja em relação aos ricos cria um sentimento de que sua vida não basta; que ele não é feliz porque não tem tudo o que aquelas pessoas mais ricas têm. Porém, ao lastrearmos a felicidade em aquisições de bens, nossa vida se torna miserável. Afinal, nunca estaremos satisfeitos com o que temos, pois sempre haverá o desejo de ter mais. Assim, ficamos totalmente dependentes dos elementos externos, daquilo que está por vir, nunca daquilo que já temos no presente.

E O QUE É A FELICIDADE, AFINAL DE CONTAS?

Durante minha trajetória, tive a honra de conhecer pessoas que chegaram ao nível máximo do que a sociedade define como "sucesso". Conversei com Guilherme Benchimol, fundador da XP Investimentos; Gustavo Cerbasi, o maior escritor sobre educação financeira do Brasil; Thiago Nigro, detentor do maior canal de finanças do país; Roberto Lee, CEO da corretora Avenue e fundador da corretora Clear; Álvaro Schocair, fundador da Tarpon, o primeiro fundo de investimentos a fazer IPO[11]; João Kepler, o maior investidor em *startups* do Brasil; Bruno Nardon, fundador da Kanui e da Rappi Brasil; e uma série de outras pessoas incríveis que alcançaram muito sucesso. O que todas essas pessoas tinham em comum é que elas eram extremamente humildes, generosas, amorosas e solidárias com qualquer indivíduo, independentemente de gênero, etnia, posição política, orientação sexual ou classe social.

Eu perguntei para cada um: "O que o faz feliz?". E, surpreendentemente, recebi respostas muito parecidas. A seguir estão os cinco elementos que todos esses empreendedores concordam ser fundamentais para viver uma vida feliz.

ESTADO DE MENTE CERTO

Você já conheceu alguém que parece levar tudo o que você fala para o lado negativo? Que interpreta todos os acontecimentos da pior maneira possível, mesmo que o cenário mais realista seja completamente diferente? Que, não importa quanto você tente, nunca está satisfeito contigo? Que sempre discorda do que você diz?

Agora, vamos pensar por outro lado. Você já conheceu alguém que, não importa a besteira que você fale, sempre vai rir contigo e curtir o momento? Que, mesmo que você fale algo nocivo sem pensar, leva numa boa e dá um sorriso? Que parece ser capaz de ver suas qualidades mais do que você mesmo? Que, mesmo diante dos piores acontecimentos, como uma batida de carro ou a demissão de um emprego, consegue ver o lado positivo e tenta enxergar tudo isso como sendo uma oportunidade de crescimento?

O estado de mente certo é a forma como escolhemos interpretar os acontecimentos à nossa volta, como se fosse uma lente de contato que filtra e interpreta todas as informações externas de acordo com nosso modo de olhar o mundo. O que fabricou essas lentes foram todas as memórias, eventos, circunstâncias, conhecimentos, imposições, proibições, concessões e experiências que vivenciamos ao longo da vida e foram moldando nossa personalidade.

Por isso a mesma informação, processada por lentes diferentes, pode ter interpretações completamente opostas.

Por outro lado, atribuir a formação de nossa visão de mundo somente às vivências que tivemos e à nossa personalidade pode se tornar uma desculpa para não buscarmos evoluir cada vez mais.

Ah, eu disse isso desse jeito porque eu sou assim.

Eu fiz isso porque é meu jeito.

A realidade é que cada um **escolhe** a forma como deseja interpretar o mundo. Para mudar a configuração automática das nossas lentes, precisamos fazer um exercício constante de reprogramação mental.

A programação neurolinguística (PNL) parte do entendimento de que os processos neurológicos, a linguagem e os padrões comportamentais estão interligados. Dessa maneira, a alteração de um desses elementos pode fazer sua mentalidade mudar, melhorar seu desenvolvimento pessoal e, por consequência, contribuir para a conquista do que você deseja[12].

Isso não acontece da noite para o dia. Mas não desanime. Nosso cérebro tem a capacidade de moldar suas estruturas de acordo com os aprendizados e as experiências que vivemos. Quanto mais treinamos nossa mente para ter certo pensamento, mais naturalmente ele virá.

Por isso, na próxima vez que você ler no jornal que no último ano surgiram vinte novos bilionários no Brasil, aplauda e busque saber o que eles fizeram para chegar lá em vez de invejar e reclamar que o mundo é injusto.

RELACIONAMENTO

Por natureza, o ser humano é um ser social, que evolui em comunidades. Somos todos dependentes uns dos outros, seja para conseguir algo que queremos muito ou simplesmente para compartilharmos momentos. Amigos, família, namorados e namoradas são pessoas que vão estar presentes nos momentos mais importantes de nossa vida, sejam eles bons ou ruins, que vão comemorar junto as nossas vitórias e que nos apoiarão quando precisarmos. São relações que vão nos fortalecer para alcançar – e nos ajudar a manter – esses cinco fatores da felicidade.

Porém, o relacionamento vai além de pessoas com as quais temos intimidade.

Saber se relacionar com todas as pessoas que cruzam nosso caminho é uma das características fundamentais para ter sucesso.

Cerbasi, Benchimol e Schocair não são pessoas boas porque ficaram ricas. Elas ficaram ricas porque, justamente, souberam se relacionar, expondo suas ideias, respeitando os outros e também conquistando respeito pelo seu carisma e ética de trabalho.

Talvez você vá entender melhor se eu traduzir esse conceito em uma única palavra: *networking* (*net* = rede; *working* = trabalhando)[13]. Esse termo surgiu na década de 1990, com a globalização, em que empresas e profissionais começaram a fazer negócios para além de suas fronteiras, gerando uma necessidade de se relacionarem cada vez mais. Basicamente, fazer *networking* é trocar conhecimentos e experiências com outras pessoas a nível profissional.

A primeira vez que entrei em contato com essa ideia foi na faculdade de engenharia. Eu estava assistindo a uma aula em que todos estavam dormindo. Porém, havia um aluno que estava anotando tudo, extremamente focado. Essa cena me intrigou bastante, já que eu era um dos que estavam praticamente sonhando. No intervalo, perguntei a ele o que havia tomado para conseguir ficar acordado durante toda a aula. Ele respondeu: “Não tomei nada. Eu sei que cada uma das pessoas que estão aqui pode estar me observando. E se, em algum momento da minha vida, eu precisar delas e elas estiverem numa posição de poder me ajudar, certamente não vão fazer isso se elas lembrarem de mim como uma pessoa indisciplinada e preguiçosa". Foi aí que caiu a minha ficha. Nós nunca sabemos quem serão as pessoas que, no futuro, poderão nos ajudar.

Apesar de essa história ter me mostrado que relacionamentos prósperos podem ocorrer de maneira passiva, como alguém que lembra de nossa disciplinada ética de estudo por ter convivido na mesma sala de aula no passado, percebi que mais eficiente ainda é fortalecer ativamente a rede de relacionamentos.

Quanto mais temos habilidade para nos relacionar – ajudando, estendendo a mão e agregando valor a terceiros –, maior será o nosso *networking*, pois ajudar sem esperar nada em troca acaba criando um sentimento nas pessoas de que você é alguém bacana.

Networking é extremamente valioso e aumenta significativamente nossas chances de sucesso no futuro. Pode ser que, hoje, um colega seu de classe esteja passando por dificuldades na graduação, mas, futuramente, ele venha a se tornar um grande empresário que vai te ajudar a alcançar o que você deseja. Nós nunca sabemos o que pode acontecer no futuro ou quem serão as pessoas que nos estenderão a mão. Por isso, é importante criar uma boa relação com todos. Todo mundo é uma oportunidade.

Isso aconteceu com meu pai. Quando estava no Ensino Médio, ele fez amizade com um garoto que não ia muito bem nas matérias da escola. Meu pai sempre foi uma espécie rara de aluno: o nerd descolado e popular. Papai era uma pessoa extremamente carismática e se ofereceu diversas vezes para ajudar esse seu amigo com os estudos. Mais tarde, esse amigo fundou uma marca de roupas razoavelmente conhecida, a Ellus Jeans. Quando meu pai ficou desempregado, ele mencionou sua situação ao antigo amigo da escola. Com isso, mesmo sem pedir, seu amigo lhe fez uma oferta de emprego em sua marca de roupas.

Isso só aconteceu porque meu pai se dispôs a ajudá-lo no Ensino Médio sem receber nada em troca e porque esse amigo sabia que meu pai tinha foco e disciplina.

Quando abraçamos a causa do outro e nos oferecemos para contribuir com o que está ao nosso alcance, plantamos diversas sementes. No futuro, pode ser que nossa vida seja diretamente impactada devido ao apoio que oferecemos a alguém no passado.

Também há outra forma de facilitar a formação de *networking*. Desde que lancei o canal *Jovens de Negócios* no YouTube, aprendi que, quanto mais fazemos algo para ajudar as outras pessoas, mais reconhecimento temos. Quando o canal começou a crescer e ganhar alcance, recebi no Instagram um DM (*direct message*) de Thiago Nigro, criador do canal *O Primo Rico*, dizendo:

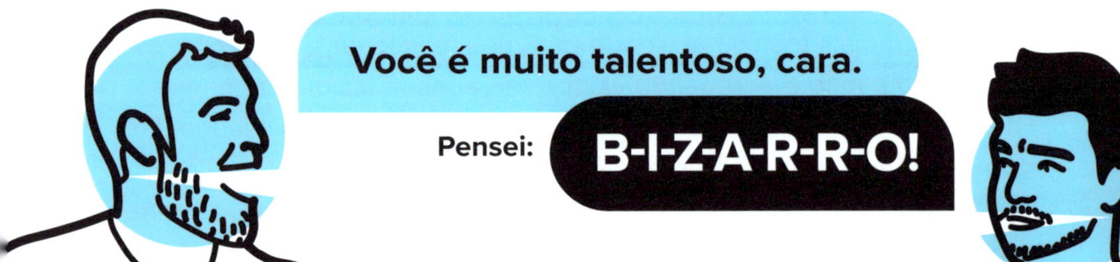

Até que, um dia, Thiago me chamou para gravar um *podcast*. Depois, um vídeo no YouTube. Depois, veio com o papo de "Quero comprar 20% da sua empresa por 1 milhão de reais".

Vamos avaliar isso de forma analítica: se eu não tivesse começado a gravar vídeos – de graça – com o intuito de ajudar as pessoas, isso jamais teria acontecido. Naquele momento, tirei a prova de que, se eu entregasse algo antes, teria no futuro um retorno multiplicado.

Agora você deve estar se perguntando: "Mas quanta prepotência nisso. Então, quer dizer que eu preciso fingir gostar de alguém só para receber algo em troca no futuro? Quanta falsidade...".

Calma. Meu amigo Jhonny Martins, vice-presidente do Serac, uma das maiores empresas de contabilidade do Brasil, tem uma resposta pronta para isso: "Não confunda ser interesseiro com ser interessante ou interessado".

O futuro guarda coisas boas para os interessantes e interessados e desmascara os interesseiros.

- **Interesseiro: "Que carro legal, deixa eu ser seu amigo para andar nele também".**
- **Interessante: "Vi que sua marca ia trazer mais impacto com um logotipo novo e decidi fazer um para você. É de graça, não se preocupa, forte abraço!".**
- **Interessado: "Como foi a cirurgia do seu pai, está tudo bem? Aqui, trouxe uma caixa de chocolates para você".**

Um interesseiro faz algo esperando receber algo em troca. Os interessantes e interessados fazem algo com o intuito genuíno de ajudar e agregar valor sem receber nada em troca.

Estar verdadeiramente interessado em ajudar é a melhor forma de ser ajudado depois. Melhor agir de boa-fé e agregar valor ao mundo do que ser rude, evasivo ou egoísta com pessoas que prejulgamos não valerem nosso tempo. Caso você escolha a segunda opção, independentemente do rumo que a vida de cada uma dessas pessoas tomar, por certo, se um dia você precisar delas, elas não vão te ajudar.

SAÚDE

O corpo é o nosso bem mais precioso. Se não temos saúde, tanto física como mental, não conseguimos aproveitar a vida da melhor maneira, nem alcançar aquilo que desejamos. Ter uma boa alimentação, praticar exercícios físicos, consumir menos álcool e outras drogas aumentam as probabilidades de ter uma vida saudável no presente e, sobretudo, no longo prazo.

A maioria das pessoas passa grande parte de suas vidas colocando a saúde em risco. E isso é a pior coisa que pode acontecer, pois, quando nosso corpo não é capaz de assegurar uma mente saudável, passamos a ser improdutivos na sala de aula e no trabalho. Acordamos contra nossa própria vontade, e isso se arrasta até o final do expediente. Nos sentimos mal o dia inteiro. Sentimos sono em momentos nos quais deveríamos estar despertos, sentimos cansaço em momentos em que deveríamos estar descansados e nos sentimos mal conosco mesmos quando deveríamos sentir orgulho de quem somos. Essa rotina miserável aos poucos vai nos deixando com a saúde mental precária.

A consequência disso é que sentimos uma necessidade quase incontrolável de compensar as angústias nos prazeres imediatos: comendo besteiras, ingerindo bebidas alcoólicas, usando drogas ou passando a noite assistindo dez episódios seguidos de uma série, mesmo sabendo que precisamos acordar cedo no dia seguinte. São sensações imediatas de prazer que, logo depois, nos fazem sentir pior ainda. É um círculo vicioso.

O problema é que, à medida que vamos "preenchendo" esses vazios, nossa saúde vai se deteriorando. Naturalmente o excesso de trabalho e o pouco descanso são extremamente prejudiciais. Mas não podemos confundir descanso com aproveitar horas intermináveis de lazer que mais danificam a saúde do que fazem bem. Trabalhar pode ser uma forma de melhorar nossa saúde.

Para conquistarmos o que poucos têm, precisamos fazer mais do que a maior parte faz.

E, por isso, precisamos ser saudáveis. Um atleta jamais conseguiria uma medalha olímpica se tivesse se entregado às tentações, comendo hambúrguer todo domingo e praticando exercício físico apenas três vezes por semana. É preciso fazer sacrifícios no presente, abrindo mão das gratificações instantâneas (aquelas que nos dão prazer efêmero), para conseguir resultados acima da média. Porque, no final das contas, é essa disciplina que, de fato, faz bem para nossa saúde.

Muitas pessoas acreditam que ter equilíbrio entre trabalho e vida pessoal é se entregar às gratificações instantâneas. Mas isso nada mais é do que uma desculpa brega para justificar atitudes preguiçosas. Acontece que mesmo aqueles que repetidamente agem dessa forma, muitas vezes, não sabem que estão se autossabotando. Essas pessoas buscam o equilíbrio inconsciente, pois não percebem que estão se sabotando e agindo contra a própria saúde. Ter um equilíbrio consciente é, em primeiro lugar, saber priorizar as coisas mais importantes, como levantar cedo, arrumar a cama, fazer exercícios físicos e dar conta das tarefas do dia. É cuidar do corpo e da mente para conseguir encarar o trabalho e ter o sentimento de respeito próprio.

As redes sociais têm frases como "Acredite em si mesmo", "Você pode ser a sua melhor versão", em legendas de fotos em que as pessoas estão tomando sol na praia. Mas eu te pergunto: e o trabalho? Só ter pensamento positivo é uma ilusão. O processo de conquistar algo exige muita força física e mental para resistir às dores, pois não é fácil. Por isso, cuidar do corpo é a premissa básica para ser capaz de passar por todos os obstáculos até chegar aonde deseja.

Se você não for capaz de dar conta das coisas fáceis, jamais será capaz de lidar com as coisas difíceis.

DINHEIRO

Seu amigo está passando dificuldades em Nova York? Pior eu, que estou passando dificuldades em Bangu.

Como eu gostaria de estar triste em Paris...

Há um grande tabu em torno da relação do dinheiro com a felicidade. Afinal, dinheiro realmente traz felicidade?

Bom, uma concordância geral entre aqueles que têm muito dinheiro é que dinheiro, na verdade, traz conforto e tranquilidade. E nos poupa de fazer tudo aquilo que não queremos. Se estamos bem financeiramente, temos a tranquilidade de saber que não somos reféns do dinheiro. Na nossa sociedade, o dinheiro nada mais é do que uma ferramenta, como um lubrificante, cuja ausência torna a vida muito áspera. O dinheiro em abundância não é capaz de comprar a felicidade, mas é capaz de conceder liberdade para podermos estar em qualquer lugar do mundo, fazendo o que temos vontade, com quem gostamos e por quanto tempo acharmos necessário.

Além disso, uma vida de abundância financeira permite contribuir com as causas em que acreditamos, doar para instituições de caridade ou até mesmo criar projetos que possam fazer a diferença na vida de alguém. Dinheiro só é empecilho quando é escasso. Afinal, dinheiro, por si só, não significa nada, mas, quando não temos nenhum, ele significa tudo. Pessoas citam a Bíblia para dizer que "Dinheiro é a raiz de todo mal". Mas essa não é a citação correta. Na passagem inalterada lê-se "O amor ao dinheiro é a raiz de todo o mal".

A raiz de todo o mal não é o dinheiro. É a pobreza. Não é o dinheiro que causa fome, violência, doenças e miséria, é a falta dele. Acreditar que o dinheiro é ruim é pensar que o ser humano é corrompido por ele. Dinheiro não muda as pessoas, ele apenas mostra quem elas realmente são e amplifica sua verdadeira essência. Se você é uma pessoa bondosa, então o dinheiro te permite amplificar a sua bondade por meio de doações. Se você é um homem que tem pouco dinheiro e assedia mulheres na rua, quando ficar rico você vai assediar mulheres dentro de uma Lamborghini.

O que não podemos pensar é que os bens materiais são capazes de contornar a nossa infelicidade. Felicidade não é o estado de euforia que sentimos ao adquirir um bem material. Isso porque, depois de um tempo, ela passa. Com isso, nossa vida com aquele bem se torna nosso novo padrão, como se não fosse nada de mais. Felicidade existe quando passa a fazer parte da nossa rotina. Ela está justamente naquilo que na maior parte das vezes não se pode comprar: estar junto de quem amamos, brincar com os nossos filhos, ouvir o som da chuva batendo na janela enquanto assistimos a um filme em casa, debaixo do cobertor. Todos esses momentos, por mais simples, nos fazem sentir como se não precisássemos de mais nada. E, por mais que não cause aquela sensação de euforia absoluta, ainda assim é felicidade, só que se manifestando de outra maneira. E isso é maravilhoso, porque, se escolhermos limpar nossa lente e olhar por essa perspectiva, perceberemos que as coisas que mais trazem felicidade na vida são de graça.

É claro que, se temos mais dinheiro, podemos fazer mais dessas coisas. Afinal, o dinheiro nos dá a liberdade para fazer mais daquilo que já amamos, mas isso não quer dizer que dependemos absolutamente dele para fazê-las.

Quando vendi 20% de meu negócio por 1 milhão de reais, foi a primeira vez que me deparei com uma quantia substancial de dinheiro na minha conta. Lembro-me exatamente do momento em que o dinheiro entrou e do quão eufórico eu fiquei em ver todos aqueles dígitos. Mas, depois de 24 horas, isso passou. A comida ainda tinha o mesmo gosto, meus amigos eram exatamente os mesmos e eu ainda gostava de jogar *God of War* com meu primo. Ainda bem.

Ter mais dinheiro me deu mais conforto, liberdade e tranquilidade de saber que eu não precisaria mais me preocupar tanto com coisas pequenas, caso eu não quisesse. Não preciso me preocupar em ir ao restaurante com os meus amigos e escolher o prato de acordo com o lado direito do cardápio; não preciso entrar num ônibus lotado sem ar-condicionado para visitar minha namorada; não preciso ficar um ano sem visitar minha mãe que mora em outro estado.

Ter dinheiro me deu o conforto de não precisar viver com as consequências da falta dele. E isso mudou a percepção que eu tinha sobre mim mesmo: eu me senti uma pessoa mais livre, que não depende financeiramente de mais ninguém. Um alívio.

Mas, apesar de tudo isso, minha essência continuou a mesma. Continuei tocando minha vida como se nada tivesse acontecido. Hoje, olhando para trás, aquele milhão mal tem relevância diante do que meu time incrível na *Jovens* e em nossas outras empresas, a Kraüss, a Mônaco e The Compass, foi capaz de conquistar depois e do que ainda vamos realizar.

MUDANÇAS

Uma vida de mudanças é uma vida de desafios e constante evolução. A zona de conforto é um estado tentador, mas muito perigoso, principalmente quando já temos amor, saúde e dinheiro. Países com os maiores índices de desenvolvimento humano (IDHs), como a Noruega, são também os que têm os maiores índices de suicídio. Excesso de comodidade bloqueia nosso senso de propósito e nos impede de atribuir um real significado à vida, nos desincentivando a buscar novas formas para nos desenvolver. Afinal, não existe um estágio a ser alcançado em que finalmente poderemos nos definir como 100% evoluídos. Ser alguém melhor do que fomos no dia anterior nos traz um senso de realização.

Desenvolver-se é um estilo de vida.

Uma dica? Buscar novas experiências é uma saída. Ler novos livros (você está no caminho certo), começar um curso diferente, fazer uma atividade complementar, conhecer outras culturas, conversar com pessoas que pensam diferente de você, dizer "sim" para as oportunidades – ou, na verdade, qualquer experiência que possa te agregar algo. Tudo isso contribui para dar um direcionamento – mesmo que temporário – à vida. Isso significa que, se você ainda não definiu um objetivo para perseguir, é porque não experimentou o suficiente a ponto de identificar um desafio que te motive o bastante.

Cada momento que nos é dado é uma oportunidade para fazermos algo de bom, aprender e vivenciar experiências, e é isso que nos faz ser gratos. Pois não é a felicidade que traz gratidão, mas a gratidão que traz felicidade. A felicidade está muito mais relacionada a saber apreciar o que temos no presente do que o que teremos amanhã. Ou seja, é um exercício constante de apreciação pelo que temos hoje.

Ser grato é aproveitar o processo no sentido de viver um dia de cada vez, cumprindo metas diárias, sem querer dar um passo maior que a perna. Porque, para conseguir alcançar um grande objetivo, é preciso construir tijolo por tijolo. Além do mais, aproveitar cada dia é uma afirmação que damos a nós mesmos de que reconhecemos e valorizamos as pequenas coisas que temos. Perceber a importância disso é uma forma de programar nossa mente a aceitar que somos merecedores de qualquer coisa a mais que entre em nossa vida no futuro.

Mas eu não tenho nada pelo que ser grato.

Tem certeza? Se for esse o seu pensamento, convido-o a fazer um exercício. Pense em todas as coisas que você tem hoje, por menores que sejam. Qualquer coisa. Agora, imagine sua vida sem elas.

Sua vida seria pior? Certamente.

Gratidão é um exercício constante. É preciso tentar várias vezes até pegar o jeito. E, mesmo que às vezes os problemas e as dificuldades causem a impressão de que são maiores do que você é capaz de suportar, tomo a liberdade de me aproveitar da intimidade que já desenvolvemos até aqui para te contar uma história pessoal e compartilhar um exercício que costumo fazer nos momentos em que "tentar ser grato" não funciona.

Toda vez que me pego reclamando de algo fútil ou me preocupando com algum acontecimento futuro, esforço-me para lembrar do dia em que meu pai faleceu. Ao colocar em perspectiva a dor que senti ao ouvir minha mãe dizer que ele nunca mais iria entrar pela porta de casa, todos os problemas presentes perdem completamente sua importância. Assim, volto a valorizar e a ser grato por tudo aquilo que ainda tenho. Afinal, a realidade é que nenhum problema de hoje será grande o suficiente no futuro. Uma nota ruim na faculdade não vai mudar em nada nossa vida. Ser recusado em uma entrevista de emprego vai abrir brecha para estarmos mais perto de um lugar muito mais incrível. Terminar um relacionamento tóxico nos permitirá encontrar alguém que nos puxa para cima. Nenhum problema hoje importa de verdade se comparado à grande escala do tempo.

Felicidade é uma questão de escolha. Somente nós podemos decidir como interpretar os acontecimentos ao nosso redor e buscar ser gratos pelo que temos hoje.

Você não pode escolher onde nasceu, quem são seus pais ou a forma como a sociedade te trata. Você pode, por outro lado, escolher em que focar, o significado dos acontecimentos à sua volta e o que fazer a respeito.

Tendo esses cinco fatores (estado de mente certo, amor, saúde, dinheiro e uma vida de mudanças), você será muito mais rico pela qualidade de vida e pelos objetivos a que se propôs do que propriamente por sua conta bancária. (Ironicamente, ao implementar esses pilares em sua vida, você, por consequência, também aumenta sua conta bancária.) Seguindo essa receita de bolo, no final, seu legado será uma junção de inúmeras realizações que você foi acumulando ao longo da vida.

Além disso, são ingredientes fundamentais para conquistar o que você deseja, pois trabalhos grandiosos só são realizados com rigorosa disciplina, consistência e desenvolvimento constante. Quando você é livre para fazer suas próprias escolhas, vive diversas experiências e encontra um porquê (ou os porquês) da sua vida, você se torna uma pessoa mais feliz e capaz de dar conta do trabalho. Mesmo que isso implique abrir mão de algumas coisas e sacrificar o curto prazo em prol do futuro.

CAPÍTULO 3

O ENSINO NÃO TE ENSINOU A SACRIFICAR O CURTO PRAZO EM PROL DO FUTURO

EM 1983, A APRESENTADORA norte-americana Oprah Winfrey foi convidada para liderar o *talk show* matinal *AM Chicago*, que, após alguns meses, se tornou o mais visto da região. Por conta do sucesso, três anos depois, o programa passou a ser transmitido para todo o país, recebendo um novo nome: *The Oprah Winfrey Show*.

Nessa época, Oprah não era tão conhecida como hoje, e seu *talk show* ainda era uma aposta. Logo ela foi convidada para dar uma entrevista a Mike Wallace do jornal *60 Minutes*, transmitido pelo canal CBS News[14]. Na ocasião, o jornalista a questionou sobre o risco de o seu programa não dar certo:

Mike: "Então, este show que está começando nacionalmente..."

Oprah: "Vai dar certo."

Mike: "E se não der?"

Oprah:

Se não der, eu ainda vou me sair bem. Vou me sair bem porque não sou definida por um *show*. Sabe, acho que somos definidos pela maneira como nos tratamos e como tratamos as outras pessoas. Seria maravilhoso ser aclamada como uma apresentadora de *talk show* que *chegou lá*. Isso seria maravilhoso. Mas, se isso não acontecer, há outras coisas importantes na minha vida.

Resultado: *The Oprah Winfrey Show* foi considerado o *talk show* com maior audiência da história da televisão norte-americana. Oprah foi a apresentadora mais bem paga do ramo de entretenimento e, até o momento da publicação deste livro, seu patrimônio é avaliado em 2,6 bilhões de dólares[15].

Vendo assim, ninguém imagina que ela teve uma vida extremamente difícil, marcada por pobreza, abandono, uma série de violências e quadros de depressão[16]. Mas Oprah conseguiu derrubar tudo o que a impedia de ter uma carreira brilhante. Antes de se tornar um dos maiores ícones da mídia, a apresentadora conseguiu se formar em locução na Universidade do Tennessee, na qual era bolsista, e foi a primeira mulher negra a ocupar a posição de âncora em um jornal de Nashville.

Oprah encerrou seu programa no dia 25 de maio de 2011. No último episódio[17], ela fez um discurso emocionante sobre encontrar os porquês, os motivos pelos quais sentimos vontade de viver, de fazer acontecer e ir atrás de realizar grandes feitos para o mundo:

(...) Todo mundo tem um chamado. E seu trabalho verdadeiro na vida é descobrir o que ele é e fazê-lo. Todas as vezes que vimos pessoas nesse palco, que eram um sucesso em sua vida, falavam sobre a alegria e os frutos que recebiam por fazer o que sabiam terem nascido para fazer. (...) Porque isso é o que um chamado é. Ele te ilumina e te faz saber que você deveria estar exatamente onde deveria estar, fazendo exatamente o que deveria estar fazendo. E isso é o que eu quero para todos vocês e desejo que levem deste show. Viver a partir de seus próprios corações. Você tem que ganhar a vida, eu entendo isso. Mas também tem que saber o que acende a luz em você para que, a seu próprio modo, possa iluminar o mundo. (...) [Tradução nossa]

Ela conta que todos os dias tinha a certeza de que estava no lugar certo, mesmo nos momentos em que ia trabalhar exausta. Saber que o público estava esperando por seu programa era o motivo pelo qual, durante 25 anos, nunca faltou um dia no trabalho. Essa história resume bem o seguinte ponto: quando seu porquê for maior do que sua desculpa, você dará conta do trabalho.

Quando você tem um motivo grande o suficiente, você não se importa em acordar cedo, trabalhar, procrastinar menos e, principalmente, abrir mão das gratificações instantâneas. Porque, afinal, não há nada em sua vida mais importante naquele momento do que fazer aquele objetivo ser cumprido.

Ter um sonho não basta. É preciso também ter uma data de conclusão. Pois, quando temos um sonho e uma data, passamos a ter uma meta. E uma meta nós podemos bater.

Qualquer pessoa que queira atingir um nível alto de sucesso vai precisar dizer alguns nãos (ou muitos, no meu caso) para festas com os amigos nos finais de semana, viagens em família ou a nova temporada da série preferida. Porque a questão não é a quantidade de tempo, mas quão bem conseguimos gerenciá-lo. Por isso, não podemos perder tempo com coisas que não nos levam em direção às metas que impomos a nós mesmos, muito menos com aquilo que sabemos que vai nos prejudicar, como usar entorpecentes.

Esse conselho não é para todo mundo. Na verdade, é para um grupo muito pequeno de pessoas: aquelas que querem, de fato, sair da mediocridade e viver uma vida grandiosa.

**Ser medíocre é estar na média,
fazer as mesmas coisas que todo mundo faz
e, consequentemente,
ter os mesmos resultados.**

Pare um segundo e analise sua vida. Você está insatisfeito com seu trabalho, e tudo o que faz na vida é esperar pelo final de semana para poder ir a festas, beber e se drogar? Então, você tem uma vida medíocre.

Pode ser que essas gratificações instantâneas te proporcionem prazer imediato. Mas jamais se equipararão com o sentimento de realização e autorrespeito que você terá ao atingir algum objetivo grandioso. Objetivo este que você sabe que é fruto do seu próprio trabalho. Isso muda completamente a forma como você se vê.

Obviamente, tudo o que estou dizendo aqui não é uma verdade absoluta. É apenas a verdade em que eu acredito, baseado nas experiências que tive em minha vida até hoje: os momentos de maior realização pessoal e felicidade não foram necessariamente pelo que fiz, mas pelos resultados que todos os meus sacrifícios me trouxeram.

Você acha que Elon Musk, CEO da Tesla e da SpaceX, teria se tornado o homem mais rico do mundo se ele simplesmente tivesse empurrado o trabalho e os estudos com a barriga? Vivendo a vida com leveza e com o famoso equilíbrio inconsciente[18]?

Obviamente, não. Esse é o preço que se paga no curto prazo para colher os frutos no futuro e garantir a liberdade financeira para o resto de sua vida.

Luiza Helena Trajano, presidente da rede varejista Magazine Luiza e uma das mulheres mais poderosas do Brasil, tem uma rotina atribulada.

Ela acredita que, para ser um bom líder, é preciso fazer sacrifícios, como abrir mão do sono e do lazer. "Com ritmo e rotina, você não precisa perder tudo. Mas não tem um jeito de você querer vencer na carreira desde pequena e ganhar de todos os lados. Há preços a pagar", disse em uma entrevista para a *Exame*[19].

Quando comecei o canal *Jovens de Negócios*, escolhi abrir mão do que a maior parte das pessoas da minha idade estava fazendo, que era aproveitar a juventude. Isso me fez falta. Mas meus porquês eram grandes o suficiente para que eu contornasse o sentimento de "estar perdendo momentos memoráveis com meus amigos".

Por exemplo, quando eu estudava engenharia, uma colega de classe perguntou se eu iria aos jogos universitários torcer pela nossa faculdade, evento que aconteceria em uma cidade do interior, seguido por várias festas à noite. Seria incrível. Mas respondi que não, pois era muito caro.

Ela disse que entendia o fato de eu querer economizar para ter segurança no futuro, mas que não adiantava nada ter dinheiro e não ter um bom passado para recordar. A verdade, como você já sabe, é que eu tinha dinheiro para pagar e, sinceramente, queria ir. Mas, naquela época, eu estava com o projeto de criar o canal e já tinha consciência de que, se quisesse concretizá-lo, teria que inevitavelmente abrir mão de momentos de lazer. Sem exceções. Afinal, se eu não resistisse à tentação uma vez, isso daria vazão para eu pensar que estaria "tudo bem" em ceder em todas as outras vezes.

Algo que me ajudou a ter um direcionamento claro sobre as atitudes que eu teria diante das tentações foi lembrar do dia 31 de dezembro de 2018.

Era *réveillon*. Eu estava com minha família em Teresópolis, no Rio de Janeiro. Nunca fui supersticioso, mas nesse dia eu me coloquei uma meta para o próximo ano: até o final de 2019, eu teria 50 mil inscritos no canal *Jovens de Negócios*. Havia só 1.078 inscritos naquele dia, 3 meses após eu ter postado o primeiro vídeo.

Depois disso, ao ser convidado para festas ou sentir a tentação de usar o Tinder ou de comparecer a eventos de entretenimento, eu lembrava do dia 31 e me perguntava: "Qual é a minha meta?". E minha vontade de alcançá-la foi maior do que as desculpas para não fazer os sacrifícios necessários.

Acabou que os 50 mil inscritos vieram no dia 3 de maio de 2019, cinco meses depois daquele *réveillon*. No dia 31 de dezembro de 2019, exatamente um ano depois, o canal estava com 465 mil inscritos.

Ironicamente, as memórias que formei pelas conquistas que esses sacrifícios me proporcionaram foram infinitamente mais engrandecedoras do que qualquer festa poderia me oferecer. Eu nunca teria a chance de conhecer pessoas que eu tanto admirava, tê-las como amigas, lançado o meu primeiro livro ou conquistado a liberdade e o conforto por meio do dinheiro se tivesse levado a vida como a maioria.

Tudo isso não quer dizer que seja proibido ir a festas com os amigos e comemorar momentos de felicidades e conquistas. O que não podemos fazer é nos deixar levar, fazer disso uma rotina e definir que essas são as únicas formas de ser feliz. Felicidade vem de dentro, lembra? É um exercício consistente de gratidão sobre o que temos e conquistamos, e não de acontecimentos aleatórios sobre os quais não temos controle.

A MENTALIDADE DE PESSOAS BEM-SUCEDIDAS

Desde jovem, Steve Jobs gostava de trabalhar para ganhar dinheiro e conseguir realizar projetos pessoais. Antes de criar a Apple, ele foi entregador de jornais, trabalhou no controle do estoque de uma loja de peças eletrônicas, colocou porcas e parafusos em uma linha de montagem e até se fantasiou de um dos personagens de *Alice no País das Maravilhas* para divertir crianças em um shopping.

Depois de seus pais terem trabalhado duro e economizado dinheiro para investir nos seus estudos, Jobs foi para a faculdade. Mas, logo em seguida, decidiu largar o curso e frequentar somente as aulas que o agradavam, que não eram apenas relacionadas à tecnologia, mas à arte, como caligrafia.

Nessa época, ele devolvia garrafas de refrigerante para pegar uns trocados, caminhava até um templo Hare Krishna para jantar de graça aos domingos e trabalhava com manutenção de equipamento eletrônico quando precisava de dinheiro.

Apaixonado pelo universo eletrônico, Jobs descobriu o Hewlett--Packard Explorers Club, um grupo de alunos que se reunia para ouvir engenheiros de laboratórios da Hewlett-Packard, que hoje é conhecida como HP, falando sobre os projetos que estavam desenvolvendo. Jobs era tão fascinado em colecionar peças eletrônicas que encontrou o número de Bill Hewlett, o CEO da empresa, para pedir algumas. Além de dar as peças para Jobs, Hewlett o chamou para trabalhar na HP.

Mais tarde, Jobs e Stephen Wozniak, seu amigo de juventude, decidiram abrir seu próprio negócio, a Apple. Mas, para isso, precisaram vender algum de seus pertences valiosos, como uma Kombi VW e uma calculadora HP[20].

Tudo isso para dizer que, além de ter enfrentado os obstáculos que o impediam de ter um futuro promissor e de muitas realizações, Jobs saiu da sua zona de conforto e foi na contramão de todas as convenções sociais: abriu mão de ter um diploma acadêmico, ligou na cara dura para um CEO de uma empresa, correndo o risco de ser humilhado ou totalmente ignorado, e sacrificou empregos estáveis que poderia ter ao longo da carreira para ir atrás de um grande sonho.

No Brasil, a cultura do vitimismo é predominante. Você já deve ter conhecido alguém que, não importa o lugar, seja uma festa, uma reunião em casa ou um churrasco, sempre encontra algo de que reclamar. Lamenta-se dos problemas por não estar satisfeito com o trabalho ou com a vida no geral.

Essas pessoas normalmente acreditam que não são bem-sucedidas como gostariam por culpa do governo, das outras pessoas, da economia, das circunstâncias à sua volta – fatores sobre os quais não têm controle. Mas repare: elas jamais se culpam ou se responsabilizam pela vida que levam.

Se elas sempre terceirizam a culpa, isso significa que não há nada que possam fazer para assumir a responsabilidade de mudar a direção de suas vidas. Então, se a mudança não partir delas, partirá de onde?

Walt Disney foi demitido do jornal *The Kansas City Star* porque seu editor disse que ele não tinha imaginação nem boas ideias. Anos depois, Disney comprou Laugh-O-Gram, um estúdio de animação, mas acabou indo à falência. Então decidiu se arriscar em Hollywood. Ele e seu irmão criaram o Brothers Studio. E foi lá que inventou os clássicos Mickey Mouse e Disneylândia.

Walt Disney é a pessoa que mais ganhou Oscars da história. Foram 22 prêmios da Academia e 59 indicações. A Walt Disney Company é hoje um dos maiores conglomerados do ramo de entretenimento do mundo[21].

Podemos escolher encarar os acontecimentos ruins como pontos-chave de desenvolvimento. O pensamento deve ser o seguinte: "Não sei por que isso aconteceu, mas sei que foi para o meu bem, e minha vida será muito melhor do que seria caso isso não tivesse ocorrido. Pode ser que não faça sentido como ela será melhor agora, mas certamente fará lá na frente".

De fato, quando nos deparamos com problemas de nosso país ou quando olhamos para nossa própria situação financeira, às vezes não conseguimos enxergar prosperidade. Ficamos desmotivados e nos sentimos impotentes, achando que não podemos mudar a realidade e que nossas iniciativas não terão nenhum resultado.

Mas você já reparou que o sucesso surge de lugares improváveis e, muitas vezes, de pessoas que tiveram origens completamente diferentes? Por exemplo, Oprah Winfrey foi criada em uma zona rural bastante pobre, e Elon Musk nasceu em uma família de classe média alta. Hoje, além de serem bilionários, ambos foram capazes de criar projetos incríveis que impactaram o mundo de algum modo. E como isso é possível?

Isso acontece porque existem algumas características que se repetem em cada uma dessas pessoas que alcançaram o nível máximo de sucesso: a mentalidade de prosperar em quaisquer circunstâncias e assumir responsabilidade de tudo em suas vidas. No livro *O milagre da manhã*, Hal Elrod diz que, a partir do momento em que assumimos total responsabilidade por tudo o que acontece conosco, reivindicamos o poder de mudar qualquer coisa em nossa vida.

Mas naturalmente a régua não é a mesma para todos. Não confunda "assumir responsabilidade" como um argumento a favor da meritocracia social. Não existe.

A meritocracia assume que todos nós partimos do mesmo lugar, o que não é verdade. Eu, Breno, tive o privilégio de poder ter um estudo de qualidade e a segurança de que, se eu trancasse a faculdade, ainda teria condições de ficar dois anos me dedicando 100% ao meu projeto. Eu sabia que, apesar da rejeição familiar, minha mãe não iria me expulsar de casa, ainda haveria comida na mesa todos os dias, eu ainda teria uma cama onde dormir e um teto sob o qual morar. Não é todo mundo que tem esse privilégio. E isso me fez sobretudo mais confiante para continuar. Pois de nada adianta nascer em berço de ouro e ficar sentado no sofá o dia inteiro, em vez de honrar nossos privilégios. Devemos honrar o luxo que nos foi concedido para impactar positivamente nossos arredores.

Por outro lado, não nascer privilegiado também não inviabiliza completamente quaisquer chances de prosperidade. Se, ao contrário de mim, uma pessoa tem apenas duas horas do dia para se dedicar a um projeto, então ela terá que escolher trabalhar nisso duas horas por dia. O trabalho será dez vezes maior do que o que eu tive que fazer, mas, ainda assim, não será impossível chegar ao mesmo lugar.

O meio influencia, porém não determina.

Assim como há pessoas com dinheiro e privilégios que escolhem viver uma vida medíocre, culpando os outros por seus problemas, também há aquelas que não têm condições de ter uma escolaridade, mas que não se vitimizam e assumem a direção que querem tomar, pois sabem que podem fazer algo a respeito.

Somos responsáveis por nossos resultados. Podemos agir sobre as circunstâncias para mudar o curso em que o barco navega. Se as coisas não saem como esperamos, ajustamos nossa estratégia e tentamos de novo. Se erramos, não pensamos que fracassamos, e sim que devemos tirar insumos para aprender como fazer melhor da próxima vez. Se temos vitórias, traçamos o próximo objetivo e continuamos em frente. Se sofremos derrotas, aprendemos a lição e tentamos novamente.

MAS POR ONDE COMEÇAR?

A matemática é básica:

Disciplina + Consistência + Desenvolvimento =

SUCESSO

Se existe uma premissa básica de todas as pessoas que alcançaram o nível de sucesso digno de reconhecimento é que todas elas conseguiram resolver esse cálculo. A disciplina é como se fosse uma religião. É preciso manter uma rotina de segunda a segunda. Otimizar seu tempo, adquirir conhecimento, executar tarefas e não abrir mão de nada disso, independentemente do que aconteça.

Você provavelmente deve conhecer alguém que tem uma disciplina invejável, que acorda cedo todos os dias no mesmo horário, sai de casa para caminhar, consegue focar no trabalho e vai dormir cedo. E, mesmo com os amigos insistindo para que fique até tarde na roda de chope, ela diz “não”, volta para casa e mantém a rotina.

Para algumas pessoas, ser disciplinado não é um esforço, pois já é algo natural para elas; seu padrão está mais elevado do que o da maior parte das pessoas. Se quisermos que a disciplina seja algo natural em nossa rotina, precisamos elevar nossos padrões, ou seja, os referenciais sobre o qual agimos. Se nosso padrão é chegar em casa, ligar a TV, buscar um petisco e assistir à Netflix, então será isso que vamos fazer. Nós vivemos os padrões que definimos para nós mesmos.

Quando a disciplina não faz parte de nossos referenciais, ela incomoda por simplesmente nos tirar da zona de conforto. Mas lhe trago a simples questão:

Como você espera ser capaz de dar conta das coisas difíceis da sua vida se nem consegue fazer as fáceis primeiro?

De que adianta querermos mudar o mundo se não conseguimos nem arrumar nosso quarto?

Você vai ver que, ao realizar pequenos objetivos do dia, começará a sentir que está progredindo e que também é capaz de executar tarefas maiores. Afinal, levantar da cama em um dia de frio enquanto a maioria está dormindo, abrir a janela e ver que o céu ainda está escuro torna tudo mais difícil.

Mas, depois de trinta dias acordando cedo, saberá que no 31º você não vai ficar enrolando na cama e apertando o botão de soneca do seu despertador. Levantar cedo não será mais um grande esforço. Afinal, você já fez isso outras trinta vezes com sucesso.

Contudo, de longe, a transformação mais impactante do exercício da disciplina é a seguinte:

Ao se comprometer a ser disciplinado, a imagem que tem de si mesmo começa a mudar. Você se olha no espelho e admira a pessoa que está refletida ali. Você passa a se respeitar, porque sabe que é capaz de resistir às tentações para fazer o que é preciso, e não o que quer. Com isso, tudo começa a mudar à sua volta.

Sua linguagem corporal, a maneira como se expressa e seu comportamento social se transformam. E tudo isso faz com que as pessoas mudem a visão que têm de você. Então, você passa a ser respeitado. Disciplina é algo que influencia não apenas no trabalho, mas em todas as áreas da vida. A disciplina muda a forma como vemos a nós mesmos. Isso nos faz acreditar que somos pessoas com padrões altos. Nossa crença transparece para terceiros na forma de autoconfiança, e assim eles também começam a acreditar que somos pessoas com altos padrões. É um ciclo virtuoso.

Há um ditado que diz que o melhor momento para você começar a sua jornada foi há dez anos, o segundo melhor momento foi ontem e o terceiro é agora. O tanto que conseguimos produzir ao longo dos anos é imensurável, mas nada acontece da noite para o dia. Warren Buffett, CEO da Berkshire Hathaway Holdings (uma *holding* de investimentos) e considerado um dos investidores mais importantes do mercado financeiro global, fez 99% de toda a sua riqueza depois de seus 50 anos.

Em uma palestra da Vtex Day, um dos maiores eventos sobre *e-commerce* e inovação digital do mundo, Barack Obama disse que, quanto mais trabalhamos, mais sortudos ficamos. São os pequenos esforços, as pequenas tarefas repetidas dia após dia por um longo período de tempo, que vão nos levar aonde queremos chegar. De novo: se sucesso fosse fácil, todo mundo alcançaria.

Imagine o seguinte: se houvesse uma série específica de tarefas que – caso você as cumprisse todos os dias – garantisse seu sucesso, você perderia seu tempo fazendo qualquer outra coisa? Você perderia seu tempo passando horas rolando no *feed* do Instagram, vendo o que seus amigos postaram nas redes sociais ou bebendo cerveja o dia todo no bar? Certamente, não.

Mas, para a maioria das pessoas, é difícil abrir mão desses vícios, pois elas não acreditam que os sacrifícios serão recompensados com conquistas. E as desculpas são diversas: falta de tempo, dinheiro, conhecimento, "preciso de equilíbrio" etc.

Ao fazer essas afirmações negativas, você acaba se fechando para muitas oportunidades, limitando sua visão e não explorando seu verdadeiro potencial. Afinal, a verdade é que essa série de tarefas específicas existe. O passo a passo para o sucesso é real. Podemos dizer isso com bastante segurança porque pessoas de sucesso possuem características absolutamente semelhantes. Elas sacrificam o presente em prol do futuro. Elas mantêm uma disciplina consistentemente. Elas têm a crença absoluta de que tudo que acontece em sua vida é de sua responsabilidade. Elas se adaptam às circunstâncias buscando desenvolvimento constante e tentam de novo após seus erros. Então, em vez de dizer:

Não tenho dinheiro... diga

Como eu posso fazer para ganhar mais dinheiro?

Não tenho tempo... diga

O que eu posso mudar em minha rotina para ter mais tempo?

Não tenho conhecimento... diga

O que eu posso estudar para ter esse conhecimento?

Com isso, você reprogramará a sua mente para buscar por soluções ao se deparar com obstáculos. Quanto mais você se autocorrige, mais naturais serão esses pensamentos. E isso refletirá em suas ações.

Sacrificar nossas desculpas não é uma tarefa fácil. Mas, quando definimos nossos porquês, assumimos uma postura proativa de querer, de fato, realizar os objetivos, independentemente das circunstâncias. E isso é tão grandioso e valioso para nós que não nos importamos de abrir mão dos prazeres imediatos, pois sabemos que a felicidade em trabalhar com algo em que acreditamos supera qualquer gratificação instantânea.

O mesmo vale para os dias difíceis, em que nos sentimos desmotivados. Esses são os mais numerosos. Mas também são esses os dias que mais importam para nosso crescimento. Porque, quando mostramos para nós mesmos que somos capazes de dar conta do trabalho, apesar do desconforto, desenvolvemos um hábito. E hábitos são intrínsecos a nós.

Os dias mais difíceis são os que mais importam.

Seria incrível se houvesse um botão em nosso cérebro que pudéssemos apertar para eliminar a preguiça e ativar uma motivação novinha em folha. Mas não é assim que acontece. O que é maravilhoso, pois se mostramos para nós mesmos que somos capazes de manter o controle, independentemente da falta de motivação, isso significa que conseguimos contar com nós mesmos para progredir a cada dia. E, assim, mudamos nossa autopercepção.

Então, em vez de esperar que alguma mão divina recaia sobre sua cabeça para te dar motivação e inspiração, faça mesmo assim. Pense nos porquês, nas metas e nas pessoas de sucesso que passaram por exatamente os mesmos obstáculos.

O filósofo grego Aristóteles disse que “Você é o que você faz repetidamente. Portanto, excelência deve ser um hábito, não um ato”. Ou seja, os resultados que buscamos não estão no ato, mas na consistência, nas pequenas tarefas que realizamos dia após dia, que, no longo prazo, se somam em algo grande.

Isso significa que foram os hábitos que desenvolvemos ao longo de toda a nossa vida que nos trouxeram até aqui. Já ouviu aquela famosa frase do dramaturgo grego Ésquilo, "A disciplina é a mãe do êxito"? Então, se eliminarmos os vícios diários, começarmos a levar uma rotina adequada e nos desenvolvermos durante o processo, não há outra possibilidade ao longo do tempo senão a de termos uma vida melhor em todos os padrões do que temos hoje.

Não devemos esperar a motivação aparecer magicamente para agirmos. Devemos agir apesar da falta de motivação. Porque, quando mostramos a nós mesmos que conseguimos resistir às tentações do presente em prol do futuro, iniciamos um ciclo de reforço positivo em que valorizamos muito mais o que "abrir mão das tentações" vai nos trazer no futuro do que o que elas trariam no presente.

As pessoas bem-sucedidas, que julgamos ser disciplinadas, não acordam sempre felizes e animadas. Elas apenas sabem como lidar com os dias ruins e têm o entendimento de que os maiores aprendizados vêm dos maiores problemas e desafios.

Mas não cometa o erro de acreditar que elas já nasceram predestinadas, que foram escolhidas por Deus ou tiveram muita sorte na vida. Associar o sucesso alheio à graça divina faz com que nos contentemos com pouco e com a situação em que nos encontramos. Além do mais, isso é um tipo de desculpa que nos poupa do esforço de irmos atrás dos objetivos.

Porém a maior parte das pessoas, antes de se tornarem bem-sucedidas, também não sabiam que estavam "predestinadas" ao êxito. Pelo contrário. Elas tiveram motivos de sobra para morrer na praia. O que as diferenciou das outras foi que simplesmente não desistiram e buscaram aprender com seus erros e continuar tentando.

Quem para de tentar sabota o próprio sucesso.

Como Obama disse, você só terá sorte se for atrás e trabalhar para fazer dar certo. Para cada um de nós existe um pote de ouro no fim do arco-íris. O sol nasce para todos. Mas é preciso trabalhar.

Se Oprah Winfrey não tivesse tomado as rédeas da própria vida e tivesse desistido do seu *talk show* por medo de dar errado, como questionou Mike Wallace no jornal *60 Minutes*, ela não teria se tornado uma das pessoas mais influentes do mundo.

Por isso, exercite disciplina, consistência, se desenvolva e encare os sacrifícios de curto prazo como indispensáveis para o sucesso no longo prazo. Às vezes deixamos de sacrificar o presente com a justificativa de que "amanhã pode nunca chegar", mas, estatisticamente, o amanhã vai chegar e vai cobrar a conta. Com juros.

CAPÍTULO 4

O ENSINO NÃO TE ENSINOU A ENCONTRAR PORQUÊS GRANDES O SUFICIENTE

POR QUE VOCÊ faz o que você faz? Por que você trabalha com o que trabalha? Pode ser que agora você não consiga responder a essas perguntas. Mas é totalmente normal que você não saiba ou que nunca tenha se questionado sobre isso.

E o motivo para isso é aquele apontado na introdução deste livro: até os 17 anos, somos obrigados a escolher uma única profissão. A sociedade não leva em consideração que, nessa idade, ainda não vivemos experiências suficientes para ter maturidade de saber exatamente tudo o que nos move.

As decisões que tomamos por pressão acabam gerando inúmeras consequências negativas. Todos conhecemos alguém que se formou em uma profissão e hoje é infeliz no que faz. Muitas pessoas têm empregos que não significam nada para elas senão uma geração de renda. Elas não têm propósitos nem mesmo uma visão de como a empresa em que trabalham pode ajudá-las a realizar seus sonhos.

E isso é extremamente triste. **Precisamos tirar a imagem de que o trabalho por natureza é algo chato, um peso na nossa vida. Afinal, ele preenche boa parte do nosso tempo.** E creio, com veemência, que ninguém quer viver uma vida chata. Em outras palavras, ditas pelo autor de *Os segredos da mente milionária,* T. Harv Eker, "A maior parte das pessoas não consegue o que quer porque simplesmente não sabe o que quer".

Mas o que fazer para encontrar um porquê (ou os porquês)?

Viver diversas experiências pode fazer você encontrar os porquês por meio de duas maneiras: por um encontro certeiro ou por exclusão. O encontro certeiro é quando você aproveita alguma oportunidade e, sem querer, acaba descobrindo uma paixão. A exclusão é quando você, definindo o que não gosta, elimina uma por uma as áreas que não te atraem – o que obrigatoriamente te deixa mais perto de, numa próxima vez, encontrar as que realmente te interessam. Nos dois casos, inevitavelmente, é preciso experimentar.

Guilherme Benchimol, fundador da XP Investimentos, depois de ser demitido e se sentir envergonhado, decidiu se mudar do Rio de Janeiro para Porto Alegre e começar a empreender em uma pequena sala de 25 metros quadrados, junto com um sócio.

Ao notar que a maioria das pessoas não sabia como investir em renda variável, a XP Investimentos começou a focar em educação financeira, ajudando o brasileiro a investir melhor seu dinheiro. No início, para evitar a falência, Benchimol comprava e vendia vales-refeição, panfletava nas ruas, passava boa parte do dia buscando clientes; chegou a vender o carro para pagar as contas e a pedir dinheiro emprestado para os amigos. Hoje, ele é multibilionário, e sua empresa vale mais de 100 bilhões de reais.

Não por acaso essa história é contada em um livro chamado *Na raça*, escrito pela jornalista Maria Luíza Filgueiras. No prefácio, Jorge Paulo Lemann, fundador da cervejaria Ambev e um dos empresários mais ricos do Brasil, escreve que "todo empreendedor bem-sucedido é um fanático"[22]. Quando temos um porquê, não há nada no caminho capaz de nos impedir de continuar perseguindo nossos sonhos.

A escritora inglesa J. K. Rowling, autora da série de livros *Harry Potter*, é um exemplo disso. Pobre, sem emprego, com uma filha para cuidar sozinha e dependendo dos auxílios do governo, Rowling nunca pensou em desistir do sonho de infância de ser uma escritora. Escreveu os dois primeiros livros da série à mão e, antes de ser aceita pela Bloomsbury Publishing, foi rejeitada por doze editoras.

O primeiro volume da saga *Harry Potter* foi publicado em 1997 e foi um grande sucesso, entrando para a lista dos livros mais lidos do mundo. Somando o número de vendas dos títulos da saga, *Harry Potter* só fica atrás da Bíblia. J. K. Rowling foi a primeira escritora a se tornar bilionária na história e hoje é uma das mulheres mais ricas do Reino Unido.

Agora te encorajo a refletir: e se J. K. Rowling tivesse desistido na décima primeira editora que a rejeitou?

O oposto do sucesso não é fracassar, é desistir. Fracassos são partes obrigatórias do caminho.

OS GRANDES PORQUÊS

Certa vez, uma amiga me disse que não gostaria de ser rica a ponto de ter condições para comprar tudo o que quisesse, pois isso faria com que ela perdesse o propósito de trabalhar e continuar indo atrás das conquistas. Essa ideia faz sentido se pensarmos que pode haver algum dia em que teremos realizado todas as nossas aspirações e que, portanto, não vamos precisar fazer mais nada. Para ela (e para os estagnados), pessoas bem-sucedidas são infelizes, porque não têm mais nenhum desafio pelo qual precisam passar. Mas isso está longe de ser verdade.

No alto de seus 81 anos, Jorge Paulo Lemann ainda se sente na obrigação de sempre estar inventando algo novo para gerar oportunidades para os jovens e para as pessoas que já trabalham em sua empresa[23]. Lemann é um grande entusiasta da educação e possui três entidades filantrópicas: Fundação Lemann, que colabora com iniciativas de educação pública do Brasil; Fundação Estudar, um programa de bolsas de estudo no exterior; e Instituto Tênis, que apoia o desenvolvimento desse esporte no âmbito nacional.

Lemann afirma que seu negócio não é a cerveja, mas as pessoas. E também costuma dizer que "Sonhar grande dá o mesmo trabalho que sonhar pequeno"[24]. Ou seja, o planejamento e o esforço de colocá-lo em prática serão exigidos nas duas situações. Então, já que é assim, podemos aproveitar essa energia para, ao realizar um sonho pequeno, obter resultados melhores e traçar objetivos grandiosos capazes de contribuir ainda mais para o mundo.

Em 2019, J. K. Rowling deixou a lista de bilionários da *Forbes*, pois seu investimento em trabalhos filantrópicos passou de 160 milhões de dólares – 16% de todo seu patrimônio líquido. Desde que seu primeiro livro foi lançado, a autora começou a doar grande parte do lucro para causas sociais, relacionadas aos direitos das crianças e dos animais e à educação. Ela também investiu em um centro de neurologia regenerativa na Escócia e fundou a Lumos, instituição que luta pela defesa dos direitos das crianças[25].

Em uma entrevista para *The Telegraph*[26], ela afirma que tem uma "responsabilidade moral de que, quando lhe é dado muito mais do que [você] precisa, é preciso fazer coisas sábias e doar de forma inteligente".

Então, agora me responda: Por que você acha que os bilionários continuam trabalhando? Com a fortuna que conquistaram, eles poderiam ter se aposentado faz tempo, continuar vivendo sem nunca jamais conseguir gastar todo o dinheiro e aproveitando uma vida com que muitas pessoas sonham: ficar o dia todo na praia, tomando sol, andando com carros luxuosos, fazendo compras o dia inteiro no shopping, indo a restaurantes caros.

Se você chegou à conclusão de que o que os move não é o dinheiro, você entendeu a mensagem.

Pessoas que têm porquês, paixões, propósitos para resolver problemas no mundo, independentemente do tamanho deles, querem deixar algo de útil nessa vida. Ter dinheiro é apenas um detalhe, uma consequência que vem a partir do trabalho realizado. Empreendedores de sucesso passam muito mais tempo trabalhando naquilo que acreditam, com a missão de impulsionar a raça humana para a frente, do que ostentando a riqueza que geraram.

Nem os maiores bilionários se acomodam.

Pensar que, ao nos tornarmos bem-sucedidos, nos tornamos infelizes porque vamos perder o propósito de viver é uma forma ingênua de olhar a vida. Sempre há problemas maiores para resolver, e é neles que encontramos nossos próximos porquês.

Na definição de minha amiga, Elon Musk, Jeff Bezos e Bill Gates seriam as pessoas mais depressivas do mundo. Não são. Eles têm uma visão clara dos desafios que querem contornar e dos próximos problemas a resolver. Eles são a representação de que, não importa quanto tenhamos conquistado na vida, sempre há mais para fazer. Sempre há novos problemas para resolver e pessoas para impactar.

Os porquês grandes o suficiente não movem somente um indivíduo; movem o mundo.

Elon Musk, que está no topo do *ranking* dos homens mais ricos do mundo, contou que, com frequência, dorme na fábrica da Tesla para ajudar a resolver situações emergenciais[27].

Ele possui vários negócios, todos com o objetivo de resolver algum problema para a humanidade. A SpaceX, por exemplo, trabalha com a visão de levar a civilização humana para Marte com o intuito de prevenir que ela seja aniquilada na incidência de um meteoro – ou outro desastre natural –, como aconteceu há 65 milhões de anos com os dinossauros.

Em busca de utilizar energia sustentável para diminuir os efeitos do aquecimento global, Musk investiu na Tesla Motors, que foi pioneira em fabricar veículos elétricos elegantes e esportivos. De 2017 a 2018, a empresa havia vendido mais de 550 mil carros, que haviam andado mais de 16 bilhões de quilômetros e pouparam a emissão de mais de 4 milhões de toneladas de dióxido de carbono[28]. Isso equivale a reduzir o que 500 mil veículos MCI (carros movidos a gasolina ou diesel) soltariam no meio ambiente nesse mesmo período.

Tudo isso indica que, enquanto existirem problemas no mundo, haverá objetivos a serem alcançados. É como se fosse um jogo: quanto maior o nível, mais difícil será passar para os próximos e maior será o sentimento de conquista. E quem escolhe continuar ou sair do jogo é você.

Por isso, ao atingir uma meta, você tem duas escolhas a fazer: permanecer onde está ou continuar buscando desafios maiores.

OS PORQUÊS SUSTENTAM UM NEGÓCIO

Os empresários Eduardo Ourivio e Mario Chady falharam várias vezes antes de se tornarem donos de um dos maiores gestores de *food service* do Brasil, o Grupo Trigo.

Os primeiros empreendimentos que abriram, no Rio de Janeiro, contavam com uma boa operação, mas a gestão era fraca. Os empresários pediram empréstimos com juros que eram insustentáveis para o negócio. E os resultados da empresa não eram suficientes para cobrir todas as despesas e os empréstimos.

Eles tiveram que reformular seu modelo de negócio enquanto se esforçavam para conseguir pagar todas as dívidas e não ir à falência. Em uma entrevista para a *Endeavor*, Chady afirma que a fórmula para enfrentar os obstáculos não está escrita em nenhum livro de negócio: é preciso manter a energia e a determinação[29].

Hoje, o Grupo Trigo possui marcas que incluem as franquias de sucesso Spoleto, Koni, LeBonTon e Gurumê. O grupo também comandava, aqui no Brasil, a operação da rede de pizzarias americana Domino's, que, em 2018, foi vendida para uma gestora pelo valor de 300 milhões de reais[30].

Ou seja, se você chegou até aqui, pergunte-se: aonde você quer chegar? O que você quer conquistar? O que você quer entregar para o mundo? Quais são as pessoas que você quer impactar?

Esses são porquês fortes o suficiente para te auxiliar a sobreviver à jornada.

Os porquês também sustentam um negócio, pois servem como guias que norteiam a atuação da empresa, principalmente em momentos difíceis. Negócios com propósitos, muito além do dinheiro e do produto/serviço em si, são os que lidam melhor com períodos de crise.

E isso tem uma explicação. Ao abraçarem a missão de uma organização, os colaboradores conseguem se manter mais integrados, motivados e inspirados a achar uma solução dentro de um conjunto de valores em que acreditam.

De acordo com o Instituto Brasileiro de Geografia e Estatística (IBGE), mais de 70% das empresas fecham as portas em menos de dez anos de atividade[31]; e, segundo o Instituto Brasileiro de Planejamento e Tributação (IBPT), 15,4% das *startups* do Brasil fecham ainda no primeiro ano de vida[32].

De fato, empreender não é algo fácil, ainda mais em um país como o Brasil, em que a burocracia, a situação econômica, a instabilidade política, os altos impostos e a falta de conhecimento oferecido pelas escolas sobre o assunto dificultam tanto a abertura e a sobrevivência de um negócio. Mas você lembra que, quando temos um porquê, não nos vitimizamos e nossa vontade se torna maior do que nossas desculpas?

O que diferencia um empreendedor que falha e desiste de outro que falha e aprende com os erros não é o nível de inteligência, dom, sorte, destino ou Deus. É apenas a persistência guiada por um propósito forte.

Mas também nada adianta ter um propósito, uma meta, um porquê, se não soubermos executá-lo. Sabe quando você tem uma ideia brilhante e a certeza de que ela pode dar certo, mas não sabe nem como começar a pôr em prática? Ou, então, quando você tenta colocar em prática, mas se sente frustrado por não saber lidar com os empecilhos que encontra no caminho? Quando esquecemos de levar em consideração as circunstâncias reais, acabamos engavetando uma ideia que teria muito potencial por falta de conhecimento.

Por isso, se você chegou até aqui, é hora de aprender a sujar a mão de graxa.

CAPÍTULO 5

O ENSINO NÃO TE ENSINOU A RESOLVER PROBLEMAS

POR MUITO TEMPO, achei que só existiam três áreas que me garantiriam um futuro promissor: medicina, engenharia e direito. Cresci em uma família tradicional que me pressionou a escolher uma profissão aos 17 anos – como se aquilo fosse definir os próximos 48 anos de minha vida. Na escola, apesar de não ter contato direto com nenhuma dessas áreas, éramos incentivados a escolher uma delas. Empreender não era uma possibilidade. Até porque a escola nunca nos ensinou a conjugar esse verbo.

Por exemplo, começar um canal no YouTube com 21 anos era "queima-filme" (e ainda é). Imagina deixar de ser engenheiro, médico ou advogado para ser um youtuber? Na cabeça das pessoas, esse é um tipo de trabalho que não agrega.

Mas pense: se você cria um conteúdo que, de algum modo, está agregando valor à vida das pessoas, seja fazendo alguém rir ou transmitindo algum conhecimento, isso se torna útil para a sociedade, não é?

Algo que o modelo tradicional da escola não ensina é que há uma série de habilidades importantes para a sociedade além de decorar fórmulas e datas.

Pense em quantas pessoas abriram mão de seus sonhos porque um professor não permitiu que elas desenvolvessem seus talentos. Quantos

Jobs, Picassos, Mozarts e Chaplins deixaram de surgir porque ouviram de alguém que seus talentos não dariam futuro?

No modelo escolar tradicional somos resumidos a um número, a um certificado de registro. Toda a complexidade humana, nossos gostos, talentos e paixões são resumidos a uma nota obtida por meio de um teste padronizado.

E mais. Quantas soluções inovadoras não teríamos conhecido se não fossem as pessoas que conseguiram pensar fora dessa caixa? E quantas ideias boas estão sendo desperdiçadas neste exato momento porque a maioria não aprendeu sobre empreendedorismo nas escolas e, por isso, não sabe como executar uma ideia?

Tem um ditado que diz que: "O lugar mais rico do mundo é o cemitério. Nele, estão enterradas invenções que nunca foram conhecidas, ideias e sonhos que nunca foram realizados, esperanças que nunca foram alcançadas". Pois bem. Meu grande objetivo aqui é te fornecer todos os conhecimentos que são indispensáveis para aprimorar o que você tem de melhor, colocar suas ideias em prática e conseguir viver do que você quer fazer, não do que os outros querem que você faça.

O **primeiro passo** é saber que absolutamente todo mundo pode empreender. Empreender é uma habilidade aprendível e ensinável. Sabendo disso, você estará preparado para seguir para o **segundo passo**, entender que empreender é resolver o problema de alguém. O **terceiro passo** é aprender como ter ideias boas. Mas de nada adianta ter uma boa ideia se você não souber identificar oportunidades, que é o que veremos no **quarto passo**. Por fim, o **quinto passo** é mão na massa: como colocar suas ideias em prática.

PASSO 1: QUALQUER UM É CAPAZ DE EMPREENDER (E TER SUCESSO!)

Existem cinco formas de enriquecer:

- **Ganhando na loteria**
- **Herdando dinheiro**
- **Tornando-se uma estrela**
- **Inventando algo que possamos patentear e licenciar, e de cujos *royalties* possamos viver**
- **Abrindo um negócio**

Vamos por partes.

GANHANDO NA LOTERIA

A chance de ganhar na loteria é de 50 milhões para 1. Então, considerando que o preço médio de um bilhete de loteria é de 12 reais, para ganhar uma única vez precisaríamos gastar algo em torno de 600 milhões de reais. Não é provável, não é rentável, então certamente não podemos contar com isso.

HERDANDO DINHEIRO

Heranças não vêm para todo mundo. Poucos familiares deixam fortunas – aliás, é muito mais comum deixarem dívidas. De modo geral, o ser humano não pode contar que receberá uma bolada quando seus entes queridos falecerem, pois provavelmente eles não deixarão muita coisa.

TORNANDO-SE UMA ESTRELA

Tornar-se uma estrela pode parecer um caminho meritocrático. Mas não é.

Por exemplo, se você parar de crescer com um metro e meio, não conseguirá jogar na NBA (a liga de basquete norte-americana). Ou, se você não tiver a voz afinada, mesmo se dedicando a aulas de canto todos os dias, dificilmente conseguirá cantar tão bem quanto a Beyoncé.

Certamente estrelas precisaram trabalhar, se esforçar e se disciplinar muito para atingirem sucesso e terem reconhecimento. Mas há um componente genético que é absolutamente inegável e traz vantagens a algumas pessoas sobre as outras.

Se você acha que se encaixa nesse perfil, como ter altura para ser um jogador de basquete ou uma voz afinada como o da Beyoncé, então persista em seus talentos, pois você possui uma predisposição genética sobre as outras pessoas que te dá vantagens que podem ser aproveitadas. Contudo, para aqueles que não possuem esses traços naturais que podem ser ainda mais desenvolvidos com a prática, persistir na carreira de estrela provavelmente não é para você.

INVENTANDO ALGO QUE POSSA SER PATENTEADO E LICENCIADO, E DE CUJOS *ROYALTIES* SEJA POSSÍVEL VIVER

Ideias vêm para todos nós. Para alguns, podem vir com maior frequência do que para outros. Há algumas pessoas, entretanto, que são tão inventivas a ponto de desafiarem o *status quo* com invenções de utensílios, máquinas, brinquedos ou tecnologias capazes de subverter a maneira como a humanidade interage.

Thomas Edison teve mais de mil patentes, dentre elas a lâmpada incandescente, a bateria de carro elétrico, a câmera de cinema e a embalagem a vácuo. Lonnie Johnson foi o criador das famosas arminhas de água e, hoje, possui uma fortuna de mais de 360 milhões de dólares.

Pessoas inventivas podem licenciar suas patentes para empresas com mais recursos. Dessa forma, essas empresas assumem todo o processo de produção e distribuição e o inventor recebe *royalties* por cada venda do seu produto no mercado. E isso pode trazer uma fortuna.

Mas eu te pergunto: Qual foi a última coisa que você inventou?

Particularmente, eu nunca inventei algo que pudesse ser patenteado. Normalmente aqueles que fazem isso são pessoas extremamente qualificadas e verticalizadas. Por exemplo, engenheiros que criam uma tecnologia revolucionária ou médicos que desenvolvem enxertos inovadores são pessoas que trabalham em pesquisas científicas na fronteira do conhecimento humano. Ou seja, não são todos que conseguirão viver de *royalties*.

ABRINDO UM NEGÓCIO

Abrir um negócio não exige um diploma ou uma especialização, nem mesmo uma ideia inovadora; não é nem preciso ter um dinheiro próprio para isso. Empreender não é um talento nato, algo que alguns já nascem sabendo, mas sim uma habilidade que pode ser aprendida a partir de conhecimentos e experiências diversas.

Empreender é, de longe, a forma mais democrática de ganhar dinheiro.

Intraempreendedorismo

Dependendo de sua situação financeira, de fato, empreender pode ser arriscado. Contudo, é possível enriquecer empreendendo dentro de uma empresa que não é sua. Isso se chama intraempreendedorismo. Para quem quer criar algo novo com a garantia de que, dando certo ou não, ainda terá a sua renda, esta é uma modalidade que contorna o empreendedorismo arriscado.

O intraempreendedorismo é a forma mais segura de empreender. É quando uma pessoa, mesmo que empregada em uma empresa, tem a mentalidade de tomar iniciativa e de criar algo inovador com grandes chances de se tornar uma nova frente de receita da empresa. Todos os recursos financeiros investidos vêm da empresa, sem a necessidade de qualquer compromisso da parte do intraempreendedor além de tempo e trabalho.

Se ele conseguir fazer o serviço ou o produto rentabilizar e apresentar uma projeção razoável de crescimento, a empresa-mãe pode te dar uma participação no negócio. À medida que trabalha para enriquecer a empresa, esse profissional vai enriquecendo junto ao longo do caminho.

Se você trabalha em uma empresa que ouve as pessoas e dá espaço e liberdade para tomarem iniciativas, errarem e inovarem, então você pode suprir a vontade de empreender por meio do intraempreendedorismo, concretizando suas ideias dentro de seu local de trabalho.

PASSO 2: EMPREENDER É AGREGAR VALOR AO MERCADO

Um empreendimento bem-sucedido é aquele que resolve a dor de alguém ou concede prazer a ele.

O que é "resolver uma dor"? É quando um produto ou serviço supre uma necessidade, eliminando (ou reduzindo) um problema que várias pessoas têm. Por exemplo, você teve um imprevisto e está atrasado para uma reunião de trabalho. Você se depara com três problemas:

- ☑ **Pegar transporte público levaria 50 minutos para chegar**
- ☑ **Você não tem carro**
- ☑ **Não há táxi passando na rua**

Então você decide pedir um carro particular por meio de um aplicativo e consegue chegar em 15 minutos. Esse serviço, portanto, cumpriu o papel de amenizar um problema que, além de corriqueiro, todos nós estamos suscetíveis a ter: imprevistos que geram atrasos em dias corridos.

E o que é "conceder prazer"? É suprir uma necessidade pontual de consumo. Por exemplo, você foi convidada para uma festa de casamento. Apesar de já ter vários vestidos no armário, você quer comprar um novo, de preferência um parecido com o que a Angelina Jolie usou no tapete vermelho do último Oscar.

Então você vai ao shopping, entra em uma loja de roupas e encontra exatamente o que queria. Isso não vai fazer diferença na sua vida, mas vai te dar prazer, pois você se sentirá mais bonita e com o *status* elevado.

Tanto ao resolver uma dor como ao conceder prazer, você está ajudando pessoas a agregar valor em suas vidas, seja solucionando um problema ou fazendo elas se sentirem melhor com seu produto ou serviço. Essa é a forma básica para entender o empreendedorismo: primeiro, você agrega valor; depois, recolhe os frutos.

Ou seja, dinheiro é a consequência de ajudar outras pessoas.

PASSO 3: COMO TER IDEIAS DE NEGÓCIO

Não pense que uma ideia brilhante só virá quando uma maçã cair sobre sua cabeça enquanto você estiver descansando debaixo de uma árvore. E mais: não espere esse momento chegar para começar a construir um negócio. Até porque, se os sinais aparecerem à sua volta e você não tiver um olhar para enxergar oportunidades, elas não servirão de nada. Afinal, nós jamais saberemos das oportunidades que não aproveitamos.

Mas, então, como ter boas ideias?

Você se lembra do conceito de horizontalidade que abordamos no capítulo 1? Então, é o conhecimento horizontal que vai nos ajudar a ser criativos. Um repertório rico em conhecimentos faz com que desenvolvamos habilidades que sustentam o surgimento de grandes ideias, o senso crítico para identificação de problemas e a criatividade para pensar em soluções inovadoras. Afinal, a criatividade nada mais é do que a facilidade em unir elementos aparentemente desconexos.

Steve Jobs conta que, ao longo de sua trajetória, viveu experiências diversas e aparentemente desconexas, sem relação nenhuma entre si, mas que, ao se juntarem, foram cruciais para a criação da Apple.

Na adolescência, além de gostar de eletrônica, Jobs entrou em contato com outros tipos de conhecimento. Descobriu autores como William Shakespeare, Dylan Thomas, Platão e vários outros de clássicos da literatura. Por descobrir essa nova paixão, começou a estudar redação criativa, mas não de forma superficial. Jobs passou o Ensino Médio inteiro estudando os módulos dos anos anteriores para conseguir aprender o que podia sobre redação criativa.

Além disso, quando Jobs deixou de frequentar as aulas obrigatórias e passou a assistir somente as que lhe interessavam, como caligrafia, os assuntos que aprendia não tinham nenhuma conexão entre si e, naquele momento, não se mostravam úteis para o futuro. Mas ele gostava.

O que Jobs não sabia na época era que essas aulas seriam essenciais para o desenvolvimento de um *design* mais intimista do Macintosh

– o primeiro computador pessoal que popularizou a interface gráfica, tela incorporada e *mouse*. Foi um desenvolvimento revolucionário.

Você não pode conectar os pontos olhando para a frente; você só consegue conectá-los olhando para trás. Então você precisa confiar que os pontos, de alguma maneira, serão conectados lá na frente. Você tem que confiar em algo – seu instinto, destino, vida, carma, o que for. Essa abordagem nunca me decepcionou e fez toda a diferença em minha vida.

A lição aqui é que não precisamos nos preocupar em quando e como nossa horizontalidade vai nos beneficiar. Basta acreditar que vai.

Se você quer expandir seus conhecimentos e agregar valor para a sociedade da melhor forma possível, a horizontalidade é o caminho. Porque, pense, como você vai identificar um problema na sociedade e achar uma solução criativa se você não tiver uma visão macro dos acontecimentos?

Aprenda a usar o Excel, a tocar um instrumento musical, a jogar xadrez, a falar uma língua nova. Além disso, elimine pensamentos preconcebidos sobre áreas que parecem não agregar: eles nos impedem de descobrir na prática se realmente gostamos de algo ou não. E só conseguimos tirar conclusões assertivas a partir de experiências.

Se alguém oferecer uma oportunidade de experimentar algo que você não faz ideia de como poderá ser útil em seu futuro, diga "sim". Aceite esse presente, pois você não sabe como isso pode te trazer frutos lá na frente. Às vezes, por justamente não ter colocado uma barreira, você acaba descobrindo um novo mundo de possibilidades.

Combinado? Na próxima vez que alguém te convidar para fazer algo que, possivelmente, possa agregar, diga "sim". Diga "sim" para tudo.

Passe a se perguntar com frequência: "Meu saldo de 'sins' x 'nãos' está positivo?".

Procure também acompanhar revistas, *newsletters* e jornais de empreendedorismo, como *The Compass*, *Harvard Business Review*, *TechCrunch*, *Business Insider*, *Fortune* e *The Information*. Você não precisa ler tudo ao mesmo tempo; pode simplesmente pegar um deles e começar aos poucos, até se tornar um hábito.

No geral, leia sobre absolutamente tudo (negócios, tecnologia, inovação, culinária, música, esporte) e se mantenha atualizado sobre as principais notícias do dia e os acontecimentos do mundo (*The Compass* vai te dar isso de bandeja prateada, pode contar). Quanto mais você se horizontaliza, mais perto ficará de ter uma ideia de negócio e conseguir identificar oportunidades.

PASSO 4: COMO IDENTIFICAR OPORTUNIDADES

Já parou para pensar na maneira como você lida com as adversidades da vida? Você é aquela pessoa que sempre procura buscar soluções, ou aquela que fica se perguntando "Deus, por que isso está acontecendo comigo?" entre um lamento e outro?

Se você se identificou com a primeira opção, parabéns! Você já está na metade do caminho para se tornar um empreendedor de sucesso. Agora, se você se reconheceu na segunda opção, precisamos conversar.

Não é questão de ser otimista. Até porque ninguém consegue pular de alegria diante de um conflito. É preciso ser pragmático, pois a lógica é simples: para nos livrarmos de um problema é preciso achar uma solução. E, para isso, é preciso ter uma visão abrangente da situação.

É por isso que pessoas horizontalizadas enxergam oportunidades nos problemas. Já as que ficam se vitimizando tendem a enxergar problemas nas oportunidades. Se você quer ter boas ideias e abrir um negócio de sucesso, o primeiro passo é mudar esse olhar. Afinal, negócios promissores são aqueles que resolvem algum tipo de dor, lembra?

Mesmo se seu interesse for apenas oferecer um produto ou serviço para conceder prazer, é preciso saber identificar o que pode ser melhorado ou o que faria os olhos das pessoas brilharem. Ainda mais na era da tecnologia, em que mercados novos surgem a todo momento. Para cada novo produto ou serviço criado, surgem outras dezenas de modelos de negócio que pegam carona no sucesso. Por exemplo, antes dos *smartphones*, não existiam as capinhas de celular; antes dos computadores, não existiam cabos USB; e antes do *bluetooth*, não existiam *headphones wireless*.

Cabe a nós direcionar o olhar para o lugar certo: as oportunidades. E há cinco maneiras de fazer isso: solucionando problemas; aprimorando produtos e serviços já existentes; espelhando-nos em negócios validados; capitalizando sobre mudanças; e dominando um nicho. Vamos uma por uma.

SOLUCIONE PROBLEMAS

Não precisamos buscar por problemas catastróficos que ninguém nunca percebeu e cujas soluções podem revolucionar o mundo. Problemas podem ser pequenas inconveniências ou irritações que sofremos no dia a dia, como pegar transporte público lotado, não ter restaurantes perto do trabalho para almoçar, ir até algum lugar para resolver algo que poderia ser feito on-line, entre outros.

Para facilitar a análise, faça o seguinte exercício: pense em sua rotina, desde o momento em que acorda até a hora em que vai dormir, e responda:

Há algo que te incomoda? Algo que esteja faltando ou algo que tenha até demais? Caso isso fosse diferente, melhoraria o seu dia? Você acredita que outras pessoas também sentem esse incômodo? Como você pode resolver esse problema? Já existem produtos/serviços que oferecem essa solução?

De agora em diante, comece a perceber os detalhes de sua rotina. Pois talvez você não esteja enxergando as oportunidades – e elas podem estar bem perto de você.

Inclusive podem estar 24 horas por dia ao seu lado, como a internet. O mundo virtual é repleto de terrenos férteis para criar modos diferentes de ganhar dinheiro. Amazon FBA, Parceiro Magalu, *marketplaces* de *freelancers*, *dropshipping*, cursos on-line, *marketing* de afiliados, Google AdSense, Kindle Direct Publishing, *e-commerces*, *delivery* de comida são alguns dos modelos de negócio criados por grandes empresas buscando resolver o seguinte problema: pessoas têm dificuldade de ganhar dinheiro na internet. Assim, oferecem oportunidades para você ter uma renda, divulgar seu trabalho e, com isso, conseguir ajudar mais pessoas e, claro, enriquecer.

Além de essas empresas ganharem muito dinheiro, os usuários também podem fazer delas uma fonte de renda. Vídeos que postamos no YouTube podem nos gerar dinheiro por meio do Google AdSense; um restaurante que abrimos pode maximizar suas vendas por meio do iFood; um produto que revendemos pode ser anunciado no Mercado Livre ou enviado para uma central de estocagem da Amazon, que cuidará de tudo para que seus clientes o recebam nas melhores condições.

Mas cuidado ao pensar que é possível chegar a um ponto em que, para continuar ganhando dinheiro, não é necessário fazer nada. Independentemente da fonte de renda que você tenha, ela será influenciada pelas circunstâncias à sua volta. E a sociedade e a economia estão sempre mudando. Então, se você não se adaptar às mudanças circunstanciais e não se atualizar, poderá perder parte relevante da sua renda.

Vídeos antigos no YouTube só continuam gerando renda até um outro criador passar a fazer vídeos com melhor qualidade sobre o mesmo assunto. Só devemos manter as ações em carteira se elas preservarem os fundamentos que nos fizeram comprá-las no primeiro momento. O estoque de um produto que vendemos por Amazon FBA precisa ser reposto ativamente depois que ele é inteiramente vendido. Se deixarmos de acompanhar nossas fontes de renda ou de moldá-las conforme as circunstâncias, perderemos dinheiro.

Essas são algumas formas de lucrar pela internet. Mas há tantas outras hoje em dia que chegará uma hora em que será comum dizer: "Olha, eu não ganho dinheiro advogando. Eu tenho um negócio na Amazon". Isso é criar algo novo para o mundo. Novo no sentido de não fazer parte do senso comum e provar que é possível ser bem-sucedido com um trabalho que foge dos padrões.

APRIMORE PRODUTOS E SERVIÇOS JÁ EXISTENTES

Você costuma achar que as marcas que deram certo são perfeitas? Que elas não precisam melhorar? Que, se elas tiveram sucesso, é porque hoje não há mais falhas em seu negócio?

Se a resposta for "sim", pense bem: Se o mundo está em constante evolução, você acha mesmo que pode haver algo perfeito? Absolutamente tudo o que existe no mundo, de algum modo, pode ser aprimorado.

É da natureza humana sempre estar em busca de algo mais. Sempre haverá alguém capaz de fazer algo melhor do que outra pessoa.

Quando usamos o senso crítico, identificamos detalhes no dia a dia que podem ser melhorados. Por exemplo, você está em sua casa e está com preguiça de sair para fazer as compras do mês. Então, resolve pedir comida por meio de um aplicativo de entrega. Aqueles que tiveram a ideia de criar este aplicativo provavelmente passaram pela mesma frustração: precisar de compras de supermercado, mas não querer sair de casa.

Ao identificar um problema, você pensa: como eu poderia resolver isso de uma forma mais aprimorada e mais eficiente do que outros já estão fazendo? Então, você começa a pensar em modelos de negócios que poderiam resolver essa dor de um jeito diferente. É assim que muitas ideias promissoras surgem.

Mas, Breno, eu não preciso fazer algo inovador para ser um empreendedor de sucesso?

Não.

Aliás, no mundo dos negócios, chegar em segundo lugar normalmente é melhor do que em primeiro. Explico: quando você é pioneiro em um ramo, não há nenhuma referência no mercado que possa te dar um norte. Isso quer dizer que você vai precisar passar obrigatoriamente por vários erros até descobrir o que dá certo e o que não dá. Por outro lado, ao buscar aprimorar produtos e serviços já existentes, você já consegue obter uma boa noção do que tem que fazer e quais aspectos quer melhorar.

ESPELHE-SE EM NEGÓCIOS VALIDADOS

Se você já pensou em abrir uma empresa com um modelo de negócios igual a um que já existe e que deu certo no mercado, vá em frente. Se esses negócios deram certo, é um forte indício de que você não precisará validar o seu. Respeitando os direitos sobre marcas e patentes, tudo é válido. Você estará entrando no mercado para competir.

Há vários outros exemplos de empresas bem-sucedidas que começaram replicando um modelo já existente. O iFood, por muito tempo, foi líder no mercado brasileiro de entrega de comida por aplicativo. Mas outras empresas surgiram posteriormente e conseguiram se consolidar, como Rappi e Uber Eats, tornando-se concorrentes. Assim como a 99 Táxi entrou no mercado de *e-hailing* (prática de solicitar um carro particular por meio de um dispositivo) e passou a competir com a Uber. Apesar de serem diferentes em alguns aspectos, os modelos de negócios se assemelham.

A história da maior rede de comida chinesa da América Latina, o China In Box, é um exemplo clássico de quem alcançou o sucesso se espelhando em negócios validados. O empreendedor Robinson Shiba havia viajado para os Estados Unidos para cursar odontologia. Mas lá ele viu que o *delivery* de comida chinesa era um sucesso. Então, teve a ideia de trazer o modelo para o Brasil, em 1992, em uma época em que não havia entrega de comida que não fosse pizza. O negócio foi recebido muito bem pelos brasileiros, e hoje o China In Box tem 160 lojas espalhadas por 22 estados, em mais de 70 cidades do país.

E isso é bom. Espelhar-se em negócios validados é uma forma de desenvolver o mercado e aumentar a concorrência.

A concorrência faz com que empresas, no geral, busquem cada vez mais se aprimorar e inovar em seu negócio. Por isso, a competição no mercado contribui para a evolução do mundo, pois ela evita que empresas líderes caiam na zona de conforto e continuem entregando um serviço obsoleto ou de baixa qualidade.

Mas, Breno, é possível alguma empresa já consolidada e líder de mercado ficar para trás? Perder seu lugar?

Você já sabe. O mundo está em constante transformação. Empresas que não se adaptarem a isso inevitavelmente vão ficar para trás. Quer um exemplo?

Você provavelmente já deve ter usado ou visto uma máquina de cartões da Cielo, uma empresa de serviços financeiros voltados para cartões. Ela era líder no mercado de pagamentos e tinha um monopólio completo do serviço. Porém, de repente, ela começou a ser atropelada por outras empresas que começaram a surgir nesse ramo, como a Rede e a Stone. Resultado: em 2016, suas ações valiam 30 reais. Em 2020, elas eram negociadas na casa dos 3 reais[33].

Evolução das ações da Cielo no mercado financeiro, de 2011 a 2021

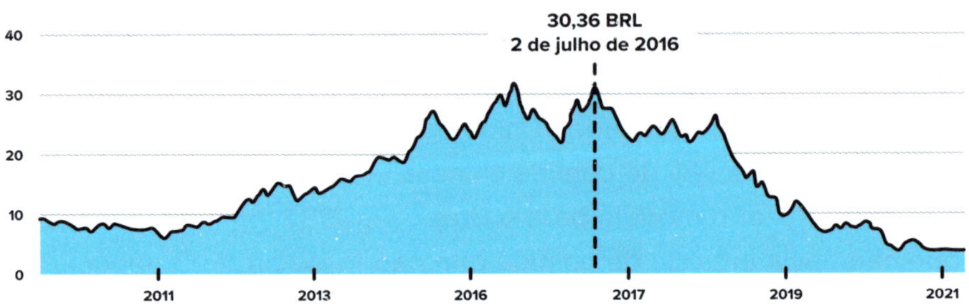

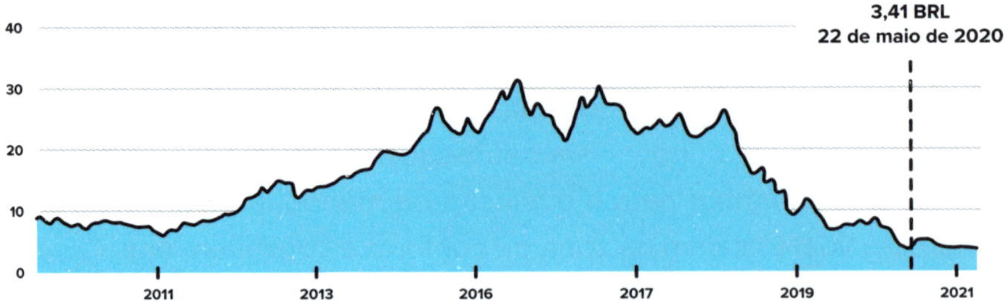

Por isso, reforço aqui a importância da horizontalidade, de sempre estar observando o entorno, identificando pontos que podem ser aprimorados e enxergando oportunidades. Então, não se sinta intimidado pelas grandes empresas. Sempre há o que melhorar, e, no mercado, há espaço para todo mundo.

O maior mito do mundo dos negócios é que, para você ter uma empresa, precisa necessariamente ter uma ideia inovadora e revolucionária que mudará o mundo e a vida de todas as pessoas. Não é porque você não tem uma ideia como Steve Jobs teve com a Apple, ou Bill Gates com a Microsoft, que você não será bem-sucedido. Você pode enriquecer com uma marca de roupas, uma rede de restaurantes ou quaisquer negócios validados que já existam aos montes no mercado – contanto que tenham algum diferencial.

Inovar não significa criar algo completamente novo. Pode ser apenas fazer a mesma coisa de um jeito diferente.

Imagine se Mark Zuckerberg tivesse desistido da ideia de lançar o Facebook por causa do Orkut? Se a Apple não tivesse criado um celular sem teclas, ainda estaríamos usando os tijolões que tinham botões em cima de botões? Ou seja, há muitas formas de inovar e conseguir ganhar dinheiro em cima do que já foi criado.

Quando comecei o canal no YouTube, minha mãe me disse: "Breno, você acha que vai conseguir audiência, já tendo tanta gente falando de educação financeira?". Respondi: "Eu sei que vou. Ninguém fala com essa cara de moleque, fazendo piada e desse jeito informal sobre esse assunto".

Comecei meu negócio do zero em um nicho que já era dominado por grandes nomes. Mas eu tinha um diferencial, e por conta disso, aliado à disciplina e à consistência de prospectar e produzir conteúdo, o canal foi um sucesso.

Então, se você tem um desejo de abrir um negócio e ainda está inseguro com os que já existem no mercado, pense no diferencial. Às vezes você só não está enxergando um detalhe pequeno e simples que pode ser o pilar de sustentação de todo o negócio.

CAPITALIZE SOBRE MUDANÇAS

No momento em que escrevo este livro, o mundo está passando pela maior pandemia desde 1918 com a gripe espanhola: a crise da covid-19. As pessoas estão isoladas em casa ou de máscara em algum lugar público, em cafeterias, em restaurantes, em mercados, em lojas de shopping... Mas você já parou para pensar em como algumas dessas empresas conseguiram manter seu negócio depois de meses de *lockdown*?

E mais: quantas pessoas foram capazes de abrir novos empreendimentos no momento em que muitas estavam fechando suas portas? De acordo com a Agência Brasil[34], a pandemia fez o Brasil ter recorde de novos empreendedores. O número de microempreendedores individuais (MEIs) cresceu 14,8%, comparado ao mesmo período do ano passado.

Entretanto, basta caminharmos pelas ruas que costumávamos passar e reparar em quantos estabelecimentos fecharam por não conseguirem sobreviver. Mas como isso é possível?

Quando a pandemia veio e a quarentena foi decretada, todos os estabelecimentos tiveram que ser fechados temporariamente. A única opção que sobrou foi comprar produtos pela internet. Aqueles que nunca se preocuparam em adaptar seu negócio à era das tecnologias passaram por grandes dificuldades. Agora, aqueles que já vinham se preparando se deram bem.

Não à toa o Magazine Luiza ultrapassou a marca de 100 bilhões de reais em valor de mercado em meio à crise da covid-19[35]. A empresa chegou a ser comparada com as gigantes Amazon e Alibaba. O sucesso se deu, entre outras medidas, pelo modelo digital que já estava sendo implementado muito antes da pandemia. Entendendo que, daqui para a frente, a tendência é que o mundo se digitalize cada vez mais, o Magazine Luiza investiu, por exemplo, no *e-commerce* e no aplicativo da marca.

Agora você entendeu? Pessoas que sabem se posicionar diante das mudanças do mundo, tanto para manter seu negócio como para criar algo novo, são as que se dão melhor. Você se lembra? Mentes horizontalizadas e empreendedoras enxergam oportunidades nos problemas. **Repare: toda vez que uma tecnologia, lei, alteração no padrão social ou crise econômica surge, alguém ganha muito dinheiro com isso.**

Então, a questão aqui é: Como você lida com as mudanças que não estão sob seu controle?

Se não tiver um olhar abrangente sobre o mundo, você não vai identificar problemas, muito menos encontrar soluções. Por exemplo, a tecnologia vem transformando o mundo cada vez mais rapidamente. Em vez de dizer que ela vai roubar nossos empregos, veja por este ângulo: mudanças criam novos mercados, que, consequentemente, geram novos interesses; logo, a mudança traz oportunidade. E oportunidades existem para qualquer um que esteja disposto a reconhecê-las.

Um exemplo clássico disso é o Airbnb, serviço on-line em que as pessoas podem anunciar seus espaços, seja um quarto, um apartamento ou uma casa, para serem reservados temporariamente. Mas, antes da crise de 2008, ninguém jamais pensaria em alugar seus imóveis para um completo estranho através de um aplicativo. Afinal, os tradicionais aluguéis estavam altíssimos e todo mundo estava ganhando dinheiro no setor imobiliário.

No entanto, o Airbnb surgiu logo no ápice da crise do *subprime*, quando todos estavam desesperadamente buscando novas fontes de renda extra. Essa necessidade acabou sendo motivadora o suficiente para convencer as pessoas a alugar suas casas para estranhos.

Resultado: o Airbnb alavancou seu negócio na maior crise dos últimos 79 anos, que só perde para a crise de 1929 (e, bom, para a crise do coronavírus). Além de ter criado algo inovador, a empresa ajudou milhares de pessoas a resolver seus problemas – ou, pelo menos, a suavizá-los.

DOMINE O NICHO

Você faz a barba com uma Gillette ou uma lâmina de barbear? Você lava a panela com Bombril ou com palha de aço? E, quando você se machuca, você usa um Band-Aid ou um curativo adesivo? Provavelmente você usa as palavras Gillette, Bombril e Band-Aid para se referir a esses produtos. Na verdade, elas nada mais são do que nomes de empresas que os fabricam.

O mesmo acontece quando você pensa, por exemplo, em voltar a viver experiências como criança. Por ano, 93 milhões de pessoas visitam os parques da Disney, em Orlando. O engraçado é que, mesmo indo aos parques da Universal e ao Busch Gardens, que fica na cidade de

Tampa, na Flórida, as pessoas generalizam e dizem que foram à Disney. Isso quer dizer que, quando você domina a categoria de um produto, um serviço ou uma experiência que está vendendo, você ganha um lugarzinho no coração das pessoas.

Imagine uma *megastore* de toalhas que tem corredores imensos com uma variedade exorbitante de toalhas de banho, de praia, coloridas, com renda, estampas e tamanhos diferentes. Qualquer tipo de toalha que você quiser pode ser encontrada nessa loja. Você consideraria ir lá caso precisasse de toalhas?

Exatamente.

É por isso que, quando queremos comprar vestimentas de esporte, pensamos na Nike ou na Adidas. Dominar o nicho faz da sua empresa uma marca *top of mind*, ou seja, a que vem primeiro à mente do consumidor quando ele precisa sanar a dor ou viver a experiência que sua empresa está concedendo.

PASSO 5: COLOCANDO IDEIAS EM PRÁTICA

Bom, agora que você já identificou um problema para começar a empreender, você precisa aprender a testar sua ideia no mercado para validá-la. Mas, antes, precisamos dar um passo para trás e conhecer quais são as seis fases do empreendedorismo.

VONTADE

Se você chegou até aqui, é porque não te falta vontade.

A vontade é aquela coçadinha atrás de sua cabeça que faz você ficar se indagando sobre como pode agregar valor ao mundo.

É aquele sentimento de não saber exatamente o que quer, mas saber que quer fazer algo. É o primeiro passo para empreender.

DESÂNIMO E PERFECCIONISMO

Quando você finalmente assume a direção do que quer fazer e está convicto disso, não consegue mais pensar em outra coisa. Porém, esteja preparado para alguns obstáculos. O principal deles é o desânimo.

Sabe quando você tem uma ideia promissora, mas, depois de algumas semanas, acaba deixando de lado e não fazendo nada? Você vai perdendo o ânimo, a ideia começa a murchar, até que, depois de uns dias, você desiste dela. No dia seguinte, já tem uma nova. E esse ciclo vai se repetindo sem você nunca ter dado o primeiro passo da ação. Esse é um círculo vicioso. Causa uma falsa sensação de progresso, mas, na verdade, te deixa estagnado.

Outro problema comum é o perfeccionismo, que nos dá a impressão de que sempre é possível melhorar, ajeitar uma coisa aqui e outra ali. O resultado disso é que você nunca consegue colocar um projeto em prática. Afinal, sempre encontrará imperfeições. Querer que tudo saia da melhor forma possível antes mesmo de dar o primeiro passo é a maneira mais eficiente de se iludir e postergar seu sucesso.

Se você quer empreender, não pode ficar pensando que tudo dará errado se as circunstâncias não estiverem nas "condições normais de temperatura e pressão". Você já deve ter ouvido falar nas CNTPs nas aulas de química. Para que uma reação química ocorra, as condições de temperatura e pressão precisam estar perfeitas. No caso de empreendedorismo, você não pode esperar as condições perfeitas para agir. Esse tipo de coisa só existe na aula de química mesmo.

Enquanto não tomar a iniciativa, você nunca terá a resposta se seu negócio dará certo ou não. O aprendizado, a confiança e a segurança vêm da experiência que adquirimos na prática. Vamos lapidá-los com o tempo.

TESTANDO SEU PRODUTO/SERVIÇO

Aqui se encontra a maior barreira que nos impede de fazer qualquer coisa: não saber por onde começar. A metodologia que vou apresentar a seguir vai ajudá-lo a conseguir testar sua ideia no mercado sem comprometer muito seu tempo e seu dinheiro, para que, no final, você tenha uma noção real se seu negócio pode dar certo ou não. Preste muita atenção, pois esse método vai mudar completamente todas as suas atitudes no mundo dos negócios.

Minimum viable product (MVP)

Em português, MVP significa **produto mínimo viável**. Essa é a menor representação da proposta ou da ideia que você quer levar para o mercado. Vamos dizer, então, que sua ideia seja criar uma marca de roupa que tenha estampas de cantores com trechos de suas músicas. O MVP seria desenvolver protótipos: fazer o *design*, ir até a gráfica, conseguir fabricar esse produto e depois colocá-lo à venda no mercado. Basicamente, MVP é tirar a ideia do papel, fazer alguns protótipos de seu produto ou serviço que representem minimamente aquilo que você quer vender e, depois, começar a testar na prática.

Mas como você coloca seu produto ou serviço no mercado?

No primeiro momento, você pode mostrar para seus amigos e familiares, tentar vender de porta em porta na rua ou divulgar nas redes sociais. Se as pessoas pagarem por seus MVPs e continuarem comprando, é sinal de que seu negócio pode dar certo. Se isso não acontecer, pode simplesmente significar que você deve reajustar seu MVP. Falarei sobre isso já, já.

E por que o MVP é tão importante?

Se o que você estiver se propondo a fazer não for algo que vá resolver alguma demanda no mercado, então provavelmente as pessoas não vão estar dispostas a pagar por isso. Não despreze o MVP. Esse teste é crucial para você começar a vender um produto com mínimas chances de sair no prejuízo depois.

O intuito de seu primeiro MVP nunca deve ser chegar o mais perto possível de seu produto final, pois, para isso, você perderá muito tempo. Um MVP deve ser ágil e rodar em ciclos finitos e validáveis. Para cada MVP que você rodar, você precisa se comprometer a uma quantidade de tempo para inseri-lo no mercado até que o prazo acabe. Por exemplo, você não vai ficar em casa assistindo à TV enquanto estiver em período de testar seu MVP no mercado. Se você colocar um prazo curto, como uma semana, terá um sentimento de urgência que te obrigará a continuar com a mão na massa.

Então, analise sua realidade. O que seria um tempo longo o suficiente para você testar seu MVP, mas curto o bastante para você não se dar ao luxo de voltar para casa e fazer outra coisa? Três dias? Sete dias? Quinze? Você é quem manda.

Feedbacks

E como você sabe se está agindo certo?

É aí que entram os *feedbacks*. Eles são sugestões de melhoria feitas por pessoas que compraram seus MVPs. Com base na opinião dessas pessoas, você pode ajustar seu produto ou serviço, para, então, reajustar seu MVP e começar um novo ciclo.

Quantos ciclos você deve rodar?

Não existe resposta certa. A ideia é que você rode ciclos com o mesmo número de dias buscando a maior quantidade de *feedbacks* possível por MVP. Quando os *feedbacks* começarem a apontar na direção de que o produto ou serviço realmente está ajudando os compradores, então talvez seja hora de você transformar seu MVP em um projeto. Mas uma regra de bolso é tentar não levar muito tempo até finalizar seu ciclo de MVPs. Idealmente, você conseguiria rodar três MVPs de camisas com frases de cantores em sete dias por MVP. Isso daria 21 dias.

E por que você deve cobrar pelo MVP?

Não adianta validar uma ideia com base apenas no apoio das pessoas que convivem com você. Afinal, quase sempre que perguntarmos aos nossos amigos e familiares se eles gostaram da ideia, eles vão dizer que seriam os primeiros a comprar. Mas, quando você começa a vender, ninguém está interessado em pagar por isso. As pessoas somem. Elas dão desculpas diversas: que está faltando dinheiro, que estão economizando para algo importante, ou simplesmente passam a ignorá-lo.

Por outro lado, se as pessoas tiram o dinheiro do próprio bolso, elas darão *feedbacks* verdadeiros e valiosos, pois exigirão qualidade, dado o valor pago. Por isso, busque ao máximo ser remunerado por seus MVPs.

Importante: tenha senso crítico para conseguir cobrar um valor justo por aquela mínima representação de seu produto ou serviço. Naturalmente, na fase de MVP não faz sentido cobrar o mesmo que você desejaria cobrar quando o negócio estiver em velocidade de cruzeiro.

Aproveitar-se dos recursos ao seu dispor

Chegamos, então, à parte final. Aproveitar-se dos recursos ao seu dispor é improvisar. Essa é a hora de você falar com aquele seu amigo que é bem conectado e pedir o *networking* com o dono de uma casa de festas para fotografar o evento, para mostrar seu talento em fotografia. Essa é a hora de falar com seu tio que tem um espaço vazio em seu galpão de carros e pedir para ele cedê-lo para que você possa estocar suas mercadorias.

Aproveitar-se dos recursos ao seu dispor é enxergar quais são as pessoas e as possibilidades à sua volta que podem te ajudar com seus MVPs ao longo de todo esse tempo.

Completando esse processo, entramos na terceira fase.

PROJETO

A fase do projeto é alcançada quando seu produto ou serviço começa a rodar por si só. Imagine que seu MVP seja um suco natural. Você o apresentou para o dono da lanchonete da sua faculdade, ele gostou e começou a revender para os alunos. Desde então, passou a comprar vários litros de você. É nesse momento que você sabe que o MVP funcionou e está na hora de entrar na fase de projeto.

O que caracteriza essa fase? Quando você está na fase do projeto, você está gastando mais do que recebendo. Ou seja, ainda está no negativo. Você gastou para criar MVPs, fazer os reajustes dos *feedbacks*, divulgar seu produto e outras necessidades. Tudo o que investiu até agora é maior do que o dinheiro que você recebeu.

Mas, calma, você não vai ficar assim para sempre.

Vai chegar uma hora em que seu negócio atingirá o *breakeven*, que é quando a conta fecha: o valor investido se iguala ao que você ganhou. À medida que a roda vai girando, seu negócio começa a dar lucro. E, quando a conta no Excel passa a fechar no verde, você deixa de ter um projeto para, finalmente, passar a ter um negócio.

NEGÓCIO

Ao entrar na fase de negócio, já existe alguma previsibilidade de renda. Os lucros do negócio devem ser reinvestidos em melhores equipamentos, contratações e insumos. Mas cuidado: nessa fase o negócio ainda é absolutamente dependente de você. Ou seja, se você se ausentar das operações de seu negócio sem ter pessoas capazes de mantê-lo rodando sem você, seu empreendimento provavelmente começará a capengar nos próximos dias e parará de gerar lucros.

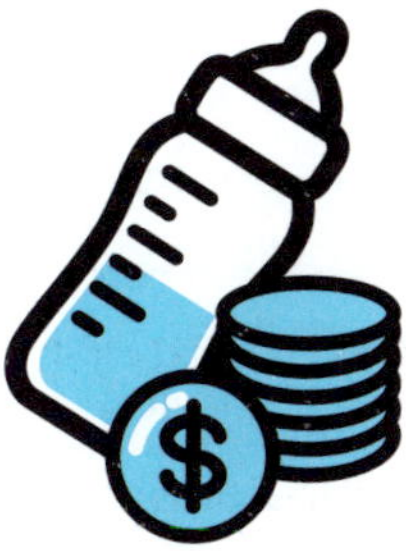

No começo, um negócio é como um bebê: precisa de atenção 24 horas por dia, sete dias por semana, e, quanto mais você investe seu tempo e seus recursos, maiores serão as chances de sucesso. Então, se seu foco é enriquecer no curto prazo, esqueça, você vai sacar quaisquer retornos gerados pelo seu negócio e vai acabar condenando-o à morte.

EMPRESA

Muitas pessoas dizem ter uma empresa, mas, na verdade, elas têm um emprego. Se você é um dentista que tem uma clínica ou um médico que tem um consultório, mas precisa trabalhar ativamente todos os dias para manter o dinheiro entrando, então você só criou um emprego.

Então, como fazer para contornar isso?

A característica principal de uma empresa é que ela é descentralizada. Quando você consegue delegar tarefas para pessoas que dão conta de manter as operações tão bem quanto você (ou até melhor), você começa a ter mais tempo para se dedicar à parte estratégica de seu negócio: Quais são os novos pontos de contato de expansão, as novas áreas geográficas? Quais são os novos produtos que podem ser vendidos? Quais serão as estratégias competitivas para derrubar concorrentes no mercado?

Tudo isso é a parte estratégica da empresa. Quanto mais escalamos nosso negócio, entregando mais recursos com a mesma quantidade de esforço e delegando tarefas, menos vamos atuar no operacional. Chegará um momento em que você não precisará mais estar no dia a dia das operações, já que conseguiu descentralizar e ter a segurança de que a empresa pode continuar rodando por si só.

E você saberá quando esse momento chegar, pois começará a receber propostas de compra de *equity*[36] (participação societária). Ao criar um negócio descentralizado em crescimento e com previsibilidade de receita, você passa a chamar a atenção de outras empresas ou de fundos de investimento. Eles, então, começam a entrar em contato e fazer propostas para comprar parte de sua empresa.

Vender *equity* é como ganhar na loteria, pois o produto mais rentável que você poderá vender na sua empresa será a sua própria empresa.

Os criadores do Instagram, Kevin Systrom e Mike Krieger, venderam o aplicativo por US$ 1 bilhão de dólares. Guilherme Benchimol negociou a venda de 49,9% da XP Investimentos para o Banco Itaú por R$ 6,3 bilhões. A InBev comprou a Anheuser-Busch, fabricante da cerveja Budweiser, por US$ 52 bilhões.

"Breno, mas todos esses são exemplos de aquisições bilionárias de empresas disruptivas e revolucionárias. Está muito longe da minha realidade."

Pode ser que sim, mas lembre-se: não precisamos revolucionar o mundo para enriquecer. Talvez um exemplo mais realista seja este:

NEWS

BRENO PERRUCHO
VENDE 20% DA *JOVENS DE NEGÓCIOS*
POR R$ 1 MILHÃO.

O ponto é: ao chegar à fase de empresa e vender seu *equity*, você conquista a liberdade de não trabalhar somente para ganhar dinheiro e recebe o privilégio de alocar seu tempo fazendo o que realmente te move. Afinal, pode ser que seu *equity* tenha tanto valor que poderá bancar sua qualidade de vida sem que você precise trabalhar pelo resto da vida caso não queira.

Equity é o maior ativo gerador de riqueza que existe. E vendê-lo não é a única forma de se beneficiar dele. Caso você não queira vender participação da sua empresa, você pode, por exemplo, mantê-la e continuar recebendo dividendos, ou seja, a distribuição dos lucros da empresa entre os sócios proporcionais à participação de cada um. Numa empresa descentralizada que não depende de você, você pode se ausentar completamente do dia a dia e fazer desses dividendos a sua renda passiva. É por isso que empreender é tão atraente: essa é a maior fonte geradora de riqueza e o caminho mais rápido para conseguir atingir a liberdade financeira.

Só não confunda "mais rápido" com "mais fácil". A mentalidade é uma só: consistência, disciplina, adaptação às circunstâncias, desenvolvimento constante e foco para fazer acontecer.

Não devemos pensar que, ao construirmos um negócio, podemos simplesmente erguer as mãos para o céu e dizer "Ok, vou pegar o pouco do lucro que meu negócio teve e curtir a vida". Para a empresa crescer, os recursos precisam ser reinvestidos. Caso contrário, os concorrentes que estão dispostos a reinvestir terão um diferencial competitivo acima do seu e dominarão o mercado mais rapidamente. Você ficará para trás.

Resumindo:

Procure por oportunidades no mercado:

- ☑ **Solucione problemas**
- ☑ **Aprimore um produto ou serviço já existente**
- ☑ **Espelhe-se em negócios validados**
- ☑ **Capitalize sobre mudanças**
- ☑ **Domine um nicho**
- ☑ **Coloque suas ideias em prática**

Então, comece sua jornada nas seis fases do empreendedorismo:

- ☑ **Persista na vontade de fazer acontecer**
- ☑ **Enfrente o desânimo e o perfeccionismo**
- ☑ **Rode MVPs**
- ☑ **Persista no projeto**
- ☑ **Transforme seu projeto em um negócio**
- ☑ **Delegue, padronize processos e descentralize operações para transformar seu negócio em uma empresa**

Ao chegar ao estágio de empresa, sua participação societária no negócio ganha valor. Isso é *equity*.

Lembre-se: a mentalidade deve ser sempre de crescimento, de valorização do *equity* e de entregar valor para o mundo.

O SUCESSO É PROPORCIONAL À QUANTIDADE DE PESSOAS QUE AJUDAMOS

Nas palavras de Will Smith:

Um dos hábitos das pessoas mais bem-sucedidas é criar valor para o mundo. Na pandemia, diante da crise de pequenos empreendedores no setor de vendas, o Magazine Luiza criou uma plataforma digital chamada Parceiro Magalu. Vendedores que não tinham loja on-line puderam colocar seus produtos no *site* para vender e, assim, salvar seu negócio.

Entenda: dinheiro é consequência. O nível de riqueza de um indivíduo é diretamente proporcional ao número de pessoas que ele ajuda e ao tamanho do problema que resolve para elas.

Há muitos problemas no mundo que estão longe de ser resolvidos. É fácil reclamar de todos eles; o difícil é se dispor a solucioná-los. Nossa sociedade precisa de novos empreendimentos, de pessoas que estejam dispostas a sair de sua zona de conforto e se arriscar cada vez mais para criar negócios com diferenciais que gerem empregos e agreguem valor ao mundo.

Não perca tempo. Comece agora. O que quer que você queira fazer, faça agora. O que quer que você deseje ser, seja agora. Corra atrás e faça o que for necessário. Quando se trata das coisas mais importantes de sua vida, não espere até amanhã.

Pratique. Mas pratique agora o que quer que você queira ser no futuro. Se você quer uma vida de paz, seja gentil com os outros. Se quer ser muito mais confiante, sorria mais em vez de ficar na defensiva. É seu corpo o problema? É o medo de falar em público? Então, vá à academia com regularidade e, da próxima vez que você estiver em uma reunião, em vez de ficar calado, se imponha para dar sua opinião. É amedrontador e, muitas vezes, vai doer. Mas onde tem medo e dor também tem crescimento. Sabe por quê?

Porque, se queremos ser um sucesso no futuro, precisamos treinar, no presente, as habilidades que vão fazer de nós um sucesso lá na frente. Nossa vida deve ser hoje o que nós queremos que ela seja amanhã. E, com o tempo, essas práticas vão se tornando hábitos. Assim, aprender novas áreas de conhecimento se torna parte de nossa rotina. E é por isso que devemos otimizar ao máximo nossa capacidade de absorção e retenção de conhecimento.

M
E
W W

CAPÍTULO 6

O ENSINO NÃO TE ENSINOU A APRENDER

NA ESCOLA OU NA FACULDADE, nossa tendência é admirar colegas que tiram notas altas nas provas, e, se não conseguimos atingir o mesmo nível, nos sentimos burros e incapazes. Mas você já reparou que nem sempre o "nerd" da sala se torna bem-sucedido no futuro? E nem sempre o "bagunceiro" do fundão se torna um fracassado?

Imagine a seguinte situação: a vida inteira você dedicou seu tempo somente aos estudos, tirou as melhores notas, se formou como o melhor aluno do curso. Sua vida acadêmica era impecável. Mas, nas entrevistas de emprego, você travava, não sabia o que dizer e tinha dificuldades para se expressar. Afinal, você só era bom nas matérias que estudou. Ninguém nunca te ensinou que você precisaria aprender a como se vender para outro ser humano.

Agora, imagine o contrário: você levou os estudos de forma razoável, foi um aluno mediano, mas, em paralelo, fez várias atividades extracurriculares, conheceu muitas pessoas e teve experiências diferentes. Na entrevista de emprego, você simplesmente cativou o recrutador com seu carisma, suas habilidades de empatia, de inteligência emocional e com uma gama diversificada de conhecimentos além da sua especialidade.

Ele também ficou admirado com seus traços de liderança, com sua facilidade para trabalhar em equipe e suas histórias sobre como conseguiu contornar situações adversas. Todos esses são exemplos práticos do valor percebido de um histórico provado de geração de resultado. Um empregador em potencial ama isso. E o melhor: resultados reais independem completamente de notas em um pedaço de papel. Ou seja, o sucesso não está relacionado ao tempo de estudo ou trabalho, mas a que e como você está se dedicando.

São essas as competências que o mundo de hoje está exigindo. Por isso, se você dominar essas *soft skills*, terá mais chances de conseguir um emprego do que alguém que não as tem.

Sabe aquele seu amigo que nunca foi o mais inteligente da sala, mas, mesmo assim, se tornou bem-sucedido? Você sabe por que isso aconteceu?

É simples. A bagagem de competência que ele desenvolveu por si só agrega mais valor ao mercado do que as habilidades que a escola prioriza. A riqueza não é proporcional ao tempo de trabalho, mas ao valor que alguém agrega ao mercado. Por exemplo, um faxineiro ou um porteiro podem trabalhar dezesseis horas por dia, começar às 6 da manhã e terminar às 10 da noite. Entretanto, eles nunca ficarão ricos. Cirurgiões, por outro lado, podem ter exatamente a mesma rotina, mas sempre ganharão mais.

Obviamente não estou desmerecendo nenhuma dessas profissões. Quero apenas mostrar a matemática bruta e básica da lei da oferta e da procura: há muitas pessoas capazes de limpar cômodos e abrir a porta para condôminos, mas poucas capazes de consertar cérebros de pacientes em uma mesa de operação.

Percebeu?

A quantidade de dinheiro que ganhamos está diretamente associada à nossa capacidade de suprir demandas do mercado. Então, como muitas pessoas não enxergam o que o mercado precisa e não sabem como atender a suas necessidades, seu retorno financeiro é menor do que o daqueles que analisam o mercado e atendem a suas grandes demandas.

Por que você acha que Jeff Bezos é bilionário? Ele simplesmente criou um negócio que impacta bilhões de pessoas. Afinal, a Amazon atende à demanda de um mercado gigantesco que busca comprar produtos de qualquer lugar do mundo com facilidade e agilidade. Ou seja, ele agregou muito valor ao mercado. Por isso, Bezos é mais rico do que o cirurgião que mencionamos previamente, por exemplo. Há menos pessoas capazes de criar uma Amazon do que cirurgiões capazes de consertar cérebros.

Mas essa lógica a escola não ensina. Afinal de contas, o propósito não é nos ensinar a enriquecer. Na verdade, a escola não quer que você enriqueça – quer apenas que você acredite no plano de 59 anos[37] e ache que depende dele para conseguir uma vida digna. Assim, sem visão do todo, você continua contribuindo com o mercado bilionário da educação que cada vez mais enriquece escolas e cursinhos.

De acordo com o anuário estatístico de 2019 da Universidade de São Paulo (USP) – a universidade mais concorrida do país –, foram mais de 116 mil alunos inscritos naquele ano; destes, 60 mil faziam ou já haviam feito cursinho pré-vestibular (quase 52%)[38]. Só para você ter uma ideia, a principal companhia de educação básica do Brasil, a Somos Educação, dona de marcas como Anglo, Colégios pH e Maxi, foi comprada por 4,6 bilhões de reais pela Kroton Educacional (que hoje se chama Cogna), uma gigante do setor de educação[39].

Se você quer enriquecer, crie uma escola que ensine alunos a passar no vestibular. Engraçado que nenhuma escola nos ensina como fazer isso...

Infelizmente, como dito no primeiro capítulo deste livro, ainda estamos submetidos ao modelo de ensino criado para suprir uma necessidade industrial. Se a escola ainda pensa com a mentalidade de séculos atrás, continuará formando pessoas para resolver problemas de séculos atrás – e não os de hoje.

Engenheiros, advogados, nutricionistas, contadores recém-formados têm dificuldade em entrar no mercado de trabalho. Se conseguem, muitas vezes vão para cargos que não estão relacionados à sua formação. Segundo levantamento do Instituto de Pesquisa Econômica Aplicada (Ipea) realizado em 2018, 44,2% dos jovens com diploma trabalham fora de sua área[40]. Além disso, muitos se contentam em trabalhar recebendo um salário abaixo do piso de sua profissão. Afinal, são os únicos empregos que encontram.

Novamente, a lei da oferta e da procura. Quando há muita oferta para pouca procura, o valor do que é ofertado cai. Na prática, isso significa o seguinte: há muita oferta de recém-formados para poucas vagas no mercado de trabalho.

A grande quantidade de novos profissionais surgindo é incompatível com a capacidade do mercado de absorvê-los. Ou seja, aqueles que aceitam ganhar abaixo do piso de sua profissão conseguem emprego com maior facilidade.

Ainda assim, as escolas continuam ensinando os alunos a decorar informações para, depois, regurgitá-las em uma prova e esquecer tudo no dia seguinte – apenas para tirar notas boas e passar de ano. Como disse Murilo Gun, fundador da Keep Learning School, nos acostumamos a ser estudantes, quando devíamos ser "aprendedores".

Pare e pense: Quantas vezes na escola ou na faculdade você teve a oportunidade de pensar com sua própria cabeça? De contestar as informações que te eram dadas naquele momento? Alguma vez um professor te incentivou a ir atrás de uma resposta nova para um problema antigo? Mostrou para o que aquele conhecimento era útil na vida real?

Quantas vezes você já se perguntou "Para que isso serve?" e, mesmo não sabendo, estudou mesmo assim?

E aqueles que ousam questionar os professores, muitas vezes, recebem respostas como: "Porque vai cair na prova". Isso quer dizer que, se somos estudantes, não aprendemos, apenas decoramos informações desconexas e de baixa aplicabilidade na vida em sociedade.

Quando nos tornamos "aprendedores", absorvemos o conhecimento, entendemos para que ele pode ser útil e desenvolvemos a habilidade de aprender mais, de resolver problemas de maneiras criativas e de criar novo conhecimento. Precisamos de pessoas com curiosidade e senso crítico capazes de olhar para o mundo, perceber seus problemas e trazer soluções criativas e inovadoras para eles.

Você sabia que o astrônomo Isaac Newton não foi um aluno brilhante na escola? Ele tirava notas medianas. Mas Newton se destacava por ser extremamente curioso e por gostar de ler.

Durante minha graduação, comecei a perceber que os exercícios que eu estava fazendo em física experimental, álgebra linear e outras matérias que envolviam cálculo diferencial poderiam muito bem ser resolvidos por uma máquina. E, ainda assim, raras eram as vezes em que podíamos usar calculadora nas provas.

E provas com consulta? Risos. Isso era motivo de piada para os professores.

Mas não faz o menor sentido. Afinal, na vida real, sempre teremos calculadoras e o Google à nossa disposição.

Isso não quer dizer que escolas e faculdades são maus ambientes para frequentar. Longe disso.

Quando fui membro da Fluxo Consultoria, a Empresa Júnior da UFRJ, percebi que as competências que eu estava desenvolvendo ali eram ferramentas valiosas para me ajudar a agregar valor ao mercado, muito mais do que aquelas dispostas na grade curricular do curso de engenharia. Lá aprendi na prática com pessoas jovens, como eu, que me ensinaram muito. E, obviamente, isso só foi possível por eu ter seguido parte da minha vida no ciclo natural e ter entrado na faculdade. Uma EJ não existe fora de uma faculdade.

Breno, mas eu realmente preciso de faculdade para ser bem-sucedido?

Não. Mas isso também não quer dizer que você não deva entrar em uma.

Os ambientes de maior aprendizado são aqueles que estão dentro do ecossistema de uma universidade. O ambiente das atividades de extensão, como as ligas de investimento, empresas juniores e Enactus, fomentam *networking*, troca de conhecimentos e de experiências práticas, o que te dá maior probabilidade de prosperar no futuro ao abrir seu negócio.

É nesses ambientes que você percebe quão pouco realmente sabe sobre o mundo e quanto ainda tem para aprender. Você acaba convivendo com pessoas de incrível garra e talento que parecem melhores que você em todos os sentidos.

“Mas não me sinto bem perto de pessoas muito talentosas e inteligentes. Fico intimidado e impotente...”

Mas é justamente esse desconforto que fará você crescer. Lembra que podemos escolher a lente que usamos para olhar o mundo? Então. Em vez de ver o lado negativo, use esse incômodo como combustível para correr atrás da diferença.

É normal do ser humano querer estar perto daqueles que estão no mesmo nível ou abaixo dele. Porque nos sentimos bem sendo "superiores" a alguém. Mas esse pensamento é uma armadilha.

Segundo a teoria do empreendedor e palestrante motivacional Jim Rohn, nós somos a média das cinco pessoas com quem passamos mais tempo. Então, o problema de conviver com pessoas que têm menos experiência e conhecimento é que você fica estagnado. Por outro lado, estar com pessoas melhores do que você te induz a se desenvolver para acompanhá-las.

Apesar de ter vivido uma experiência incrível na faculdade, as aulas obrigatórias me deixavam extremamente frustrado, justamente por ser um ambiente antiquado que não dialogava com aquilo que eu esperava para minha vida no mundo – ou que o mundo esperava no geral. Além disso, eu já tinha todas as ferramentas necessárias para colocar em prática o projeto do meu canal no YouTube. E foi aí que decidi trancar o curso.

Então quer dizer que tenho que largar a faculdade para ser empreendedor?

Não.

Certa vez dei uma palestra no evento "Ebulição", em São Paulo, e, logo após descer do palco, um rapaz, que tinha 18 anos e havia acabado de se formar na escola, me pediu uma opinião sobre uma escolha que estava prestes a fazer: "Breno, eu te admiro muito e decidi que não vou fazer faculdade porque quero empreender. O que você acha?".

Eu não entendi muito bem o que o fato de ele me admirar tinha a ver com sua decisão de não fazer faculdade. Não é porque tranquei a faculdade que sou contra alguém entrar em uma. Inclusive não é porque existem pessoas que alcançaram o sucesso sem ter um diploma que isso é uma regra. De fato, ao largar a faculdade você terá tempo de sobra para se dedicar ao seu negócio. Mas o que vai adiantar se você não tiver os conhecimentos necessários para isso? Ou dinheiro para manter suas necessidades básicas de alimentação, aluguel e saúde enquanto você dá a vida no seu negócio?

Se você eliminar o pensamento comum de que a faculdade "é chata" ou que só serve para pegar um diploma para entrar no currículo, você na verdade encontrará um ambiente muito fértil para adquirir conhecimentos aplicáveis. A graduação só é inútil para aqueles que não sabem aproveitá-la. Não aproveitá-la é estudar só aquilo que é pedido, decorar informações e tirar boas notas. Aproveitá-la é conhecer pessoas, fazer parte de iniciativas de extensão, entrar em contato com diversas áreas de conhecimento e conhecer outras perspectivas de mundo.

Afinal, eu tranquei a faculdade, mas nunca teria começado meu negócio se não fosse pelas experiências que vivi nas atividades extracurriculares que a universidade oferecia.

Não me arrependo em nada de ter saído. Mas também não me arrependo de ter entrado.

Então, não largue a faculdade apenas porque você está inconformado com o modelo arcaico de ensino ou porque acha que terá o mesmo destino que o Mark Zuckerberg. É preciso analisar as circunstâncias, as variáveis, a situação em que você se encontra e, principalmente, buscar sua própria verdade.

Para te ajudar, você pode fazer as seguintes perguntas:

Se eu largar a faculdade, vou ter condições (conhecimentos e ferramentas) de tocar o meu negócio? Terei que arranjar um emprego em paralelo? Ou tenho uma reserva financeira capaz de me possibilitar focar 100% no negócio durante ao menos doze meses? Se eu mantiver meu emprego, consigo conciliar o tempo entre meu emprego e meu negócio? Caso não dê certo depois de dois anos, eu ainda conseguiria voltar a estudar? Estou tomando essa decisão porque acredito genuinamente no meu potencial? Ou porque simplesmente quero copiar a história de algum empreendedor por achar "sexy"?

Uma coisa é fato: quanto mais você aprende e vive experiências, mais inteligentes serão as suas escolhas. Afinal, o conhecimento é o maior minimizador de riscos que existe. A ignorância e a falta de aprendizado podem levar você a tomar decisões imprudentes e custosas.

DECISÕES CERTAS ESTÃO ATRELADAS AO CONHECIMENTO

Imagine que, num belo dia, você resolve abrir um negócio próprio com o dinheiro que economizou: uma marca de roupas. Para isso, você precisa fazer uma escolha entre duas opções:

A. Investir todas as suas economias na melhor máquina de estampas do mercado

B. Investir parte de suas economias em um equipamento razoável

O que você faria?

Se você escolheu a alternativa **A**, levou em consideração os gastos com manutenção? E a energia que será gasta com esse equipamento? Sobrará dinheiro para comprar matéria-prima? Realizou uma pesquisa de mercado para saber se há demanda suficiente para seu produto?

Quem escolheu essa opção sem antes analisar as circunstâncias correu o grande risco de ter dado um tiro no próprio pé. Porque escolheu por impulso. Se não houver pessoas para comprar suas roupas, como você conseguirá utilizar todo o potencial que sua máquina de última geração tem? Será um baita de um desperdício.

Isso quer dizer que você não precisa ter o melhor equipamento do mundo logo de cara. Porque, pense: com o dinheiro que você tem, pode investir metade em uma máquina de estampa razoável e a outra em matéria-prima. E, conforme a empresa for crescendo e gerando receita, você pode cogitar vender o equipamento antigo e comprar um melhor.

Quando falamos de MVP – você se lembra? MVP é o protótipo do seu produto ou serviço que é testado no mercado –, desembolsar capital em uma máquina logo de cara pode não ser a melhor opção.

Não seria mais viável, então, criar um *e-commerce* e investir alguns reais em anúncios para levar tráfego para o *site*? E que tal também fazer uma pré-venda dos produtos e, com a receita, pagar o fornecedor para fabricar as camisas com as estampas?

Lembre-se: precisamos sempre pensar em como ganhar dinheiro com a menor quantidade de riscos possível para validar as hipóteses em torno de nossa ideia de negócios.

Nem sempre ter tudo do bom e do melhor de cara significa que o negócio será bem-sucedido. Tocar uma empresa não depende só de tempo, dinheiro e infraestrutura. Claro que são fatores essenciais. Mas nada adianta se você não tiver conhecimento.

De fato, o erro é um dos fatores mais importantes que nos fazem aprender na prática. Errar é natural do ser humano. Se você está em um ambiente de trabalho em que as pessoas são avessas ao erro, elas estão presumindo que você precisa ser perfeito, e isso não é real. Precisamos ser livres para assumir nossos próprios desafios, batalhas e, com isso, errar e aprender. Como disse Mark Zuckerberg, "os maiores sucessos vêm de se ter a liberdade de falhar"[41].

O erro é normal, mas precisamos saber errar com inteligência.

"Mas, Breno, você não acabou de dizer que o erro é cometido justamente pela falta de conhecimento ou inteligência?"

Veja bem, há uma diferença entre você errar porque está fazendo algo totalmente novo, que ninguém jamais fez, e errar porque não soube ir atrás do conhecimento.

Como assim? Gosto de separar em dois termos.

O *erro necessário* acontece inevitavelmente quando você está criando algo totalmente inovador, que ainda não foi testado. Isso é extremamente raro. Nesse caso, cometer erros é importante para saber o que funciona e o dá errado. Thomas Edison, por exemplo, inventou a lâmpada depois de ter falhado mais de mil vezes. Mas, justamente porque nunca ninguém havia criado uma lâmpada antes, Edison não considera que errou, e sim que aprendeu mais de mil maneiras de como não fazer uma lâmpada[42].

Agora, quando você se espelha em pessoas que já testaram aquilo que quer fazer, você pode aprender com os erros delas. Mas, se você errou porque não foi atrás das pessoas certas, não fez um curso, deixou de consultar livros que estavam completamente a seu dispor ou não levantou a mão para tirar dúvidas, você cometeu um *erro burro*. O erro burro é aquele que você não precisava ter cometido para aprender. É um erro evitável por natureza. Bastava se interessar por explorar mais seus próprios recursos para achar o caminho certo em vez de errar.

MAXIMIZANDO A RETENÇÃO DE CONHECIMENTO

Vivemos em um mundo em que constantemente somos bombardeados por informações. Tudo muda muito rapidamente, e nos sentimos pressionados a acompanhar essas transformações. Como disse o psiquiatra e escritor brasileiro Augusto Cury, a nossa geração vive o "mal do século": a ansiedade.

De acordo com Cury, a ansiedade é uma doença que causa sofrimento por antecipação, esquecimento, fadiga ao acordar, falta de foco, entre outros sintomas[43]. Tudo isso gera um esgotamento do cérebro e faz com que a produtividade caia, o processo de aprendizado fique mais difícil e a tão temida procrastinação apareça.

A ansiedade é perceptível nos detalhes de nosso dia a dia. Quando pegamos um livro para ler, muitas vezes não conseguimos sair da primeira página. Precisamos ler várias vezes até entender, mesmo se o estilo de escrita for simples. Ou deixamos a nossa mente viajar quilômetros de distância, começamos a pensar se amanhã vai chover ou somos interrompidos por uma mensagem no WhatsApp.

Esse é só um pequeno exemplo dentre várias outras situações que passamos pela falta de atenção causada pela ansiedade. E a tendência é ficarmos parados, estagnados, pois nunca vamos conseguir focar em uma tarefa e realizá-la por inteiro (talvez nem tenhamos forças para começar).

Particularmente, passei a exercitar uma técnica que pode reduzir (e até eliminar) esse estado de ansiedade constante. Provavelmente você já deve ter ouvido falar em *mindfulness*, que significa atenção plena. É a capacidade de nos mantermos absolutamente centrados no momento presente, experienciando todas as sensações físicas e emocionais de nosso corpo, independentemente de elas nos ajudarem ou atrapalharem nossa concentração.

E como aplicar o *mindfulness*?

Primeiro, precisamos ter consciência das emoções negativas que sentimos e também das desculpas que sabotam a mente quando chega a hora de fazer alguma tarefa.

Quando sua mente diz "Vou deixar para fazer essa tarefa amanhã, pois vou ter mais vontade", "Vou ver se aquele dinheiro que caiu na conta uma semana atrás ainda está ali", "Essa é uma hora boa para comer um biscoito", "Eu acho que vou fumar um cigarro", "Meu Deus, eu ainda não vi quantos *likes* minha última foto teve hoje", você precisa reconhecer que esses pensamentos existem e estão ali.

Segundo, tenha consciência de que é apenas um modo de sua mente te induzir a buscar um estado mais confortável.

O que fazer nessas horas?

É aí que mora o segredo. Precisamos aprender a tolerar todas as emoções negativas e saber que não é o fim do mundo – que são apenas sensações. Então, toda vez que você se sentir frustrado, entediado, agitado, saiba que isso é sua mente lhe pregando peças. Diga: "Mente, obrigado pelo *feedback*, mas vou voltar a fazer o que eu tenho que fazer agora".

Em vez de atender a suas vontades, responda para si mesmo: "Estou sentindo um pouco de resistência para fazer essa tarefa porque meu cérebro está tentando me induzir a procrastinar. Mas e daí? São apenas emoções". Se quiser, diga isso em voz alta.

A questão é que não precisamos reagir às emoções; podemos simplesmente aceitá-las e seguir com o que estávamos prestes a fazer. A emoção não está atrelada à ação. Prova disso é que podemos muito bem sentir raiva, mas agir com calma; sentir medo, mas agir com coragem; sentir desmotivação, mas ainda assim fazer o trabalho.

Este é o segredo do *mindfulness*: ter consciência de todas as emoções e pensamentos negativos, reconhecê-los, aceitá-los da maneira que são e continuar dando conta do trabalho normalmente.

Com a crise da covid-19, a rotina de todo mundo mudou. Segundo pesquisas da consultoria Betania Tanure Associados (BTA), ao menos 43% das empresas no Brasil deixaram os escritórios e migraram para o *home office*[44]. De acordo com um levantamento do IBGE[45], mesmo antes da pandemia, 3,8 milhões de pessoas já trabalhavam de maneira remota. Ou seja, trabalhar em casa é uma tendência.

Convenhamos: ficar em casa nunca foi motivo de preocupação. Mas, para você que quer ser um empreendedor e ainda não tem um lugar fixo para trabalhar, será preciso achar um jeito de manter o foco em sua rotina. Imagine trabalhar em uma mesa que fica bem ao lado de sua cama? Ou bem ao lado da TV? Pense em quantas distrações você terá: barulho na rua, cachorro latindo, seus pais pedindo para você fazer tarefas domésticas etc. Além da rotina de trabalho, também precisamos nos preocupar com nossa saúde física e mental.

Por isso, nesses momentos, o *mindfulness* é imprescindível.

COMO PRATICAR O *MINDFULNESS*?

Você pode fazê-lo a qualquer momento e em qualquer lugar. Encorajo você a fazê-lo agora, inclusive.

Marque cinco minutos em seu relógio, feche os olhos e foque somente em sua respiração e no absoluto presente. Fuja de devaneios. Busque não deixar nenhum pensamento assumir seu foco. Apenas pense em nada.

Como é esperado, no início, você vai perceber que é difícil esvaziar a mente e ficar sem pensar em nada por mais do que alguns segundos. Mas o exercício do *mindfulness* está justamente em você ser capaz de reconhecer quando vierem esses pensamentos, emoções e sensações físicas para, então, jogá-los para escanteio e focar de novo no presente.

Particularmente eu gosto de praticar o *mindfulness* na sauna seca, pois é ainda mais complicado. Em uma sauna, o deslizar do suor em nosso corpo acaba gerando certo incômodo depois de um tempo. Por isso, o desafio é relevar a vontade de limpar o suor, apesar do incômodo, reconhecer que isso não é nada mais do que uma sensação física inofensiva, não se mexer e continuar focando em trazer-se ao momento presente.

Além disso, aqui te apresento quatro hábitos para manter sua rotina produtiva e conseguir otimizar seu processo de aprendizado.

ACORDE CEDO

Como já dito no capítulo 2, o primeiro passo para exercitar disciplina é ter uma rotina de sono regular, acordando e dormindo todos os dias no mesmo horário. Se você não mantiver seu relógio biológico saudável, veja o que pode acontecer com você: seu corpo entra em disrupção e fica mais suscetível a ter síndrome de ansiedade, depressão, transtorno bipolar e outros problemas mentais.

A Universidade de Otago, na Nova Zelândia, realizou uma pesquisa com 1.110 pessoas de idades entre 18 e 25 anos. Aquelas que afirmaram ter uma boa qualidade de sono apresentaram menos da metade de sentimentos depressivos em uma semana do que aquelas que disseram que não tinham.

Além disso, a má qualidade de sono dificulta o foco e, consequentemente, a produtividade. A neurocientista Leonie Kirszenblat, da Universidade de Queensland, Austrália, afirma que sono e atenção andam lado a lado. Seus estudos com diferentes animais comprovaram que, quanto maior a complexidade das tarefas que um ser vivo realiza, maior sua necessidade de sono[46].

Manter a regularidade traz uma série de benefícios: diminui as chances de insônia, aumenta a concentração e a eficiência do sistema imunológico, melhora o humor e, consequentemente, aumenta a produtividade. Mas, então, por que acordar cedo?

"Acordar cedo é sinônimo de sucesso?"

Não. Na verdade, não faz diferença a hora em que alguém acorda. Tanto uma pessoa que dorme às 10 da noite para acordar às 5 da manhã como outra que dorme às 3 da madrugada para acordar às 10 da manhã dormem por sete horas. Com isso, considerando que ambas têm a mesma quantidade de horas no dia e são igualmente produtivas no tempo em que estão acordadas, acordar cedo ou tarde não faz diferença.

O benefício de acordar cedo é gerado quando reconhecemos que é algo difícil. Como assim? Às 5 da manhã, quando está escuro e frio, é mais difícil acordar do que quando são 10 horas e já está claro e quente.

Ou seja, quando sabemos que somos capazes de fazer coisas difíceis, sabemos que estamos no caminho certo para conquistar coisas grandiosas. Afinal, poucos são aqueles que têm força de vontade o suficiente para dormir cedo e acordar às 5 da manhã. E, como precisamos estar dispostos a fazer mais do que a maioria para conquistar o sucesso, acordar cedo acaba sendo uma excelente maneira de olharmos para nós mesmos e nos reconhecermos como pessoas merecedoras.

Outro motivo pelo qual acordar cedo é um excelente hábito para impulsionar nossa produtividade é a sensação de adiantamento em relação ao mundo. Quando acordamos muito tarde, temos a impressão de que todo mundo já realizou muitas tarefas no dia e nós acabamos ficando para trás. Isso faz com que nos sintamos atrasados.

Por outro lado, ao acordarmos cedo, vemos que a maior parte das luzes dos prédios ainda estão apagadas. Quando elas começarem a acender, nós já teremos feito boa parte do que colocamos na agenda.

Veja, por mais que o número de horas de sono de quem acorda cedo e quem acorda tarde possa não mudar, aquele que acorda cedo tem um impulso psicológico, pois sente que está em vantagem.

Isso tudo associado ao silêncio da manhã, sem ninguém para nos interromper, é uma verdadeira alavanca de produtividade.

COMECE O DIA AGINDO

Não canso de dizer e vou repetir quanto for necessário: comece o dia agindo, ao invés de reagindo. A forma como vivemos nosso dia é influenciada diretamente pela maneira como o começamos.

Por exemplo, quando o despertador toca e você aperta o botão de soneca, fica rolando na cama, pega o Instagram para ver os *posts* dos amigos e só levanta depois de duas horas, você começa o dia reagindo. Afinal, você está reagindo a estímulos externos. Agora, quando o despertador toca e você levanta na hora, acende a luz e arruma sua cama, você começa o dia agindo. Assim, você está definindo um padrão de comportamento e autoimagem que se sustentará por boa parte de seu dia.

E aqui vai mais uma dica boa: se você tem dificuldade de acordar cedo, deixe o despertador do outro lado de seu quarto para que, ao tocar, você tenha que levantar e andar para desligá-lo. Como você já estará de pé, só precisará estender a mão para acender a luz e, assim, começar seu dia agindo.

ORGANIZE SEU AMBIENTE DE TRABALHO

Depois que você conseguiu acordar cedo, levantar no horário e se colocar no estado produtivo, você precisa otimizar seu ambiente de trabalho para que não haja distrações.

Nossa mente já está condicionada a associar o escritório a um local em que realizamos tarefas e nossa casa, a um ambiente de conforto e descanso. Então, se você sempre trabalhou fora, a casa pode ser um grande desafio. Mas há uma maneira de contornar isso:

Quanto mais longe do conforto, menos chance você tem de cair no sono.

Há muitos benefícios que a luz natural pode trazer: reduz o estresse, melhora as funções cognitivas, nos deixa mais atentos e menos propícios a sentir sono ao longo do dia, aumenta a concentração de vitamina D em nosso corpo e nos deixa mais felizes. Cientistas da Universidade Brigham Young, nos Estados Unidos, descobriram que os problemas psicológicos das pessoas aumentam nos períodos do ano em que há menos horas de luz e aliviam nas fases que há maior duração da claridade[47].

Por último, uma dica bônus do Pietro, meu sócio na Kraüss: vire o sofá de ponta-cabeça e jogue água na cama. Assim, você não terá desculpas. Risos.

Brincadeiras à parte, o importante é organizar o seu ambiente para que as distrações não atrapalhem seu desempenho no trabalho.

DEFINA AS ATIVIDADES DO DIA

Agora que você já otimizou seu ambiente de trabalho, é hora de definir as tarefas. Saber organizar as atividades do dia é uma forma de eliminar a procrastinação. Porque, quando você não sabe o que fazer, você fica perdido, e a tendência é não fazer nada.

Então, toda manhã, antes de começar a trabalhar, faça uma lista com todas as tarefas que você quer e precisa fazer no dia, como se fosse uma lista de supermercado, sem se preocupar com a ordem de prioridade. Por exemplo:

- [x] **Responder ao *e-mail* da Patrícia**
- [x] **Ligar para o fornecedor**
- [x] **Resolver um problema no banco**
- [x] **Terminar de redigir o projeto da faculdade**
- [x] **Comprar papel higiênico**

- [x] **Estudar para a prova de física experimental**
- [x] **Ler um capítulo do livro *O que o ensino não te ensina***
- [x] **Levar o cachorro para passear**

Matriz de Eisenhower

Quando você terminar a lista, use a matriz de Eisenhower para separar as atividades importantes das não importantes e as urgentes das não urgentes e distribua cada uma delas em seus respectivos quadrantes. Assim:

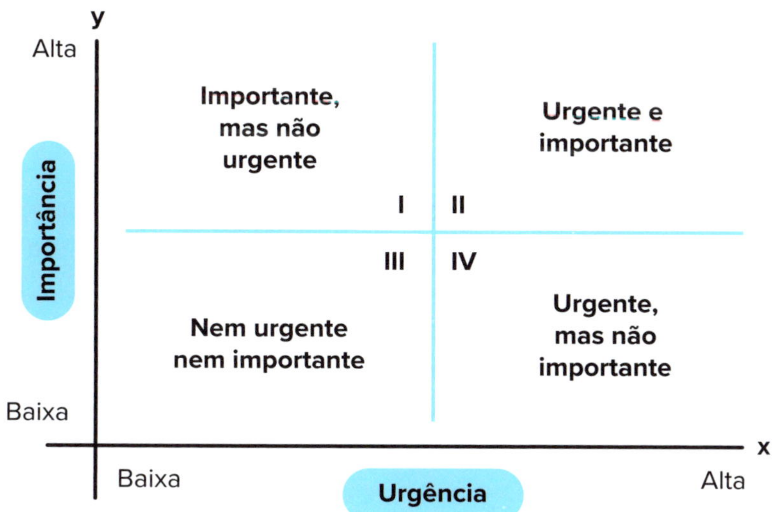

O eixo *x* traz os quadrantes das tarefas urgentes, o quão rápido você precisa dar conta delas. O eixo *y* traz os quadrantes das tarefas importantes, mas que não necessariamente precisam ser feitas com urgência. Veremos separadamente.

No canto superior esquerdo (quadrante I) estão as atividades importantes, mas não urgentes. As atividades neste quadrante são aquelas que mais agregarão em nossa vida, como ler um livro, fazer um curso extra, ir a um seminário, fazer exercícios físicos, entre outros. Quanto mais tarefas houver nesse quadrante, melhor. Isso significa que você está sendo capaz de se planejar apropriadamente e de alocar uma parte específica de seu dia para dar conta de cada uma delas.

No canto superior direito (quadrante II) estão as atividades urgentes e importantes, que precisam ser feitas o mais rápido possível, como a entrega de um trabalho que você deixou para fazer depois e o prazo é até amanhã. Em geral, são tarefas que deveríamos ter dado conta antes, mas, por algum motivo, postergamos e deixamos para última hora. A meta é sempre manter o mínimo de tarefas nesse quadrante.

No canto inferior esquerdo (quadrante III) estão as atividades não urgentes e não importantes. Normalmente, são coisas que você faz como desculpa para não ter que lidar com as atividades importantes; por exemplo, abrir o Instagram para ver quantas pessoas curtiram sua foto, quanto de dinheiro você recebeu hoje por conta da valorização da bolsa, responder mensagens de amigos no WhatsApp – coisas que alimentam sua procrastinação. Quando você coloca isso no papel, é muito mais fácil reconhecê-las, identificá-las no ato, parar e voltar ao seu foco. *Mindfulness* total.

No canto inferior direito (quadrante IV) estão as atividades urgentes mas não importantes, aquelas que você precisa dar conta de imediato, mas que não vão agregar tanto à sua vida; por exemplo, lavar louça, fazer faxina, passar roupa, ir ao supermercado etc. Então, o que você pode fazer com essas atividades? Delegue e, se preciso, pague alguém para fazê-las. Muitas vezes, o custo que você terá do seu tempo realizando essas atividades pode ser muito maior do que se contratar alguém.

Resumindo, a estratégia é:

- **Planejar-se para aumentar as atividades do quadrante I, reservando um momento do dia para dar conta de cada uma delas.**
- **Limitar as atividades do quadrante II, não deixando para amanhã o que você pode fazer hoje.**
- **Estar ciente das atividades do quadrante III para não fazê-las.**
- **Delegar a alguém as atividades do quadrante IV.**

Com isso, ao se levantar da cama, você saberá exatamente o que fazer. Seguir a matriz de Eisenhower é um passo essencial para eliminar a procrastinação. E, com o *mindfulness*, você conseguirá focar exclusivamente em cada tarefa por vez, começando pelas do primeiro quadrante.

Isso pode parecer contraintuitivo, mas dar conta das tarefas difíceis antes é uma boa forma de começar. Isso porque no começo do dia temos mais energia para executá-las, o que no final do dia já não é uma realidade. Por isso, busque colocar as atividades mais difíceis antes de tudo e as mais fáceis, depois.

Duas opções de ferramentas que também nos ajudam a nos organizar são o Trello e o Google Calendar. O Trello é uma plataforma gratuita de gerenciamento de projetos em que você organiza suas tarefas e pode estruturar um fluxo de trabalho.

Já o Google Calendar é um serviço de agenda virtual, oferecido gratuitamente pelo Google, em que você pode marcar seus compromissos e, ainda, configurar avisos e lembretes. Então, liste todas as suas tarefas e compromissos no Google Calendar e depois reorganize a ordem de tudo com a matriz de Eisenhower.

Técnica pomodoro

Você listou as tarefas e colocou em ordem de prioridade. Agora é hora de executá-las com a máxima eficiência. Então, aqui vai mais uma técnica que pode te ajudar a manter o foco e otimizar seu processo de aprendizado.

Pomodoro é uma técnica muito popular, desenvolvida em 1988 pelo italiano Francesco Cirillo, dono de uma empresa de consultoria de negócios. O método recebe esse nome porque Cirillo usava um cronômetro de cozinha em formato de tomate, que em italiano se chama *pomodoro*. Essa técnica te ajuda a gerir o tempo para garantir que você consiga manter o foco até o final de uma tarefa que exige concentração.

Funciona assim: você define seu fluxo de trabalho em períodos de 25 minutos cada, com intervalos de 5 minutos de descanso entre eles. Ou seja, você se concentra na tarefa durante 25 minutos, faz uma pausa de 5 e depois volta. Quando esse ciclo completar 2 horas, você faz uma pausa maior, de 30 minutos.

Técnica pomodoro

1. Selecione uma tarefa de sua lista
2. Dedique-se por 25 minutos à execução dessa tarefa
3. Faça uma pausa de 5 minutos
4. Inicie outro pomodoro (25 minutos de dedicação + 5 minutos de pausa)
5. Após quatro pomodoros, faça uma pausa de 30 minutos
6. Inicie outro ciclo de pomodoros

E o que fazer nos momentos de descanso?

O que você quiser: beber água, ir ao banheiro, fazer trinta polichinelos, conversar com sua mãe, absolutamente qualquer coisa. Uma dica pessoal é tentar não mexer no celular, pois as redes sociais ou qualquer outro aplicativo podem fazer com que você comece outra atividade que tira seu foco da atividade principal, correndo o risco de queimar o tempo de descanso.

Você pode rodar esses ciclos quantas vezes achar necessário para dar conta das tarefas do dia.

Metodologia Feynman

Para potencializar ainda mais seu processo de aprendizado, você precisa conhecer o método Feynman. Faça um teste: escolha um assunto que você mais estuda e mais sente que domina. Você acha que seria capaz de explicá-lo com clareza e fazê-lo ser entendido por uma criança de 10 anos? Ou só conseguiria se usasse termos técnicos e acadêmicos?

Se você não consegue explicar algo de modo simples é porque provavelmente ainda não sabe o suficiente. Muitas vezes achamos que aprendemos, mas só estamos repetindo informações que nos foram dadas. Segundo Richard Feynman, ganhador do Prêmio Nobel de Física e criador desse método, há dois tipos de saberes: aquele que sabe apenas o nome de alguma coisa e aquele que de fato sabe.

A metodologia Feynman diz que a pessoa mais inteligente em um determinado assunto é aquela que sabe explicar da forma mais simples e objetiva possível. Mas como? Usando imagens, metáforas, alegorias, palavras claras, mostrando como isso é aplicado na prática etc.

Então, como aprender de verdade? É o que vamos ver com os quatro passos da metodologia Feynman[48]:

1. Escolha um assunto

Pegue um papel e uma caneta e escreva um conceito que você quer aprender; pode ser sobre qualquer assunto (economia, literatura, culinária, música, esporte etc.). Depois, selecione os tópicos principais que você sabe que precisa abordar e anote-os no papel em forma de *bullet points*.

2. Imagine que esteja ensinando a uma criança

Agora, desenvolva uma linha de raciocínio em texto conectando os *bullet points* da maneira mais simples possível, procurando usar analogias e metáforas que se aproximem mais da realidade de uma criança. Evite partir do pressuposto de que algo já está subentendido e não use jargões que só quem já sabe do conceito entenderia. Por exemplo, se você for explicar o que é a gravidade, você pode dizer o seguinte[49]:

"Um belo dia, um físico chamado Isaac Newton estava sentado debaixo de uma árvore e, de repente, caiu uma maçã em sua cabeça. Então, ele começou a se perguntar por que as coisas caem para baixo e por que, no espaço, os planetas ficam girando ao redor do Sol e nunca param.

"Então, Newton imaginou que, para isso acontecer, precisaria existir um

fenômeno que fizesse com que todas as coisas quisessem ficar perto umas das outras.

"Anos depois, outro físico, Albert Einstein, começou a estudar mais a fundo o que realmente fazia a maçã cair para baixo. O que é a gravidade, afinal?

"Sabe o trampolim onde você brinca nos parquinhos? Então. O chão do trampolim é feito de elástico. Quando você entra e fica parado em cima desse chão, o que acontece? Ele afunda e forma um 'buraco' por causa do seu peso, certo? E, se alguém jogar uma bola de futebol lá dentro, a bola cairá nesse 'buraco' que se formou, porque ela vai querer estar perto de seus pés.

"É isso que acontece no espaço e com os planetas. Se você colocar um objeto grande e pesado no espaço, ele vai moldar o espaço ao seu redor e formar uma espécie de 'buraco'. Isso explica por que os planetas ficam girando ao redor do Sol. Porque, assim como a bola quer estar perto dos seus pés, os planetas vão querer estar perto do Sol.

"A maçã cai no chão porque a Terra também está formando um 'buraco'. Quanto maior o objeto, maior e mais fundo é o buraco, o que faz com que as coisas caiam para ele com maior intensidade."

Fez sentido?

Explique como se tivesse uma criança na sua frente. Se puder, chame aquele seu sobrinho ou primo de 7 anos para ser sua cobaia. O foco aqui não é fazer a criança entender perfeitamente, mas você encontrar lacunas em seu próprio conhecimento a respeito de algo e preenchê-las. Como encontrar as lacunas? Simples, é só você perceber o que o seu sobrinho de 7 anos não entendeu.

Além de treinar a memorização por meio da escrita, você ainda desenvolve a didática, que não apenas ajuda o outro a entender, como auxilia seu próprio processo de aprendizado.

3. Identifique dúvidas e revise o assunto

No final da atividade anterior, talvez ainda tenham restado algumas dúvidas. Anote os pontos que você não entendeu muito bem, esqueceu ou não conseguiu explicar direito. Estude novamente e pesquise mais até sanar todas as dúvidas.

Feito isso, escreva de novo como se estivesse ensinando a uma criança. Quando estiver satisfeito com o resultado, adicione esse conhecimento no papel e parta para outro tema.

4. Revise e simplifique

Leia tudo o que escreveu e veja se não usou nenhum jargão ou palavra complexa. Se precisar, simplifique ainda mais.

Por último, leia em voz alta. Se algumas partes estiverem confusas ou não soarem muito bem, é sinal de que você precisa simplificá-las. Você também pode chamar sua família ou amigos para testar sua didática. Se tudo correr bem e todos entenderem, parabéns, você aprendeu de verdade.

Repetição espaçada

No momento em que você está estudando e absorvendo as informações, tudo começa a fazer sentido. Na hora em que você entende, você acha que esse conhecimento estará com você para o resto de sua vida. Mas, muitas vezes, o que acontece é que logo depois você já o esquece.

Isso ocorre porque você não precisou usar essas informações várias vezes. Quanto menos você exercita o que aprendeu, por menos tempo elas ficarão em sua memória. A técnica da repetição espaçada é uma forma de você revisar o conteúdo que aprendeu em intervalos de tempo crescente para que seu cérebro consiga reter o máximo de informações possível.

Funciona assim: depois que você estudou e aprendeu sobre determinado assunto, no dia seguinte você vai revisar tudo de novo. A próxima revisão você fará daqui uma semana e, depois, daqui um mês. E assim por diante.

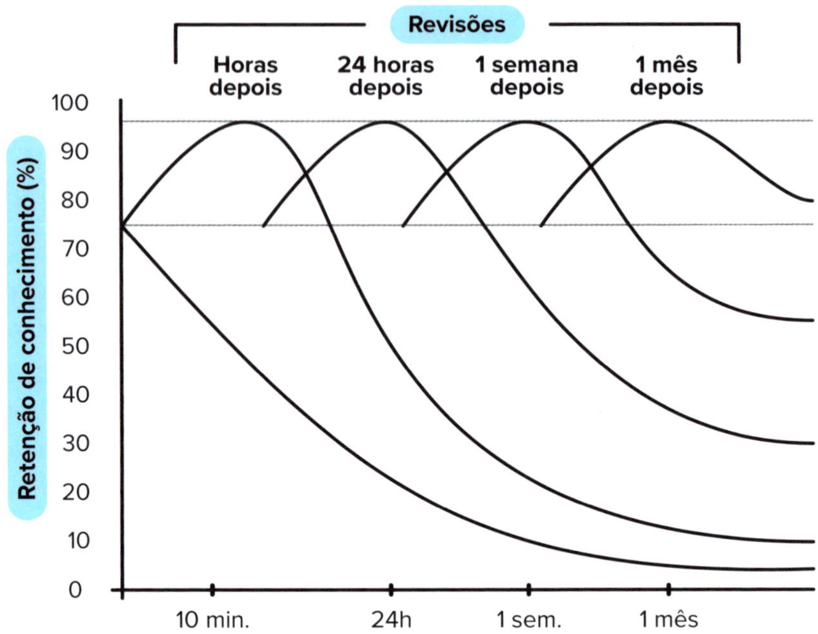

Muitas pessoas usam essa técnica para aprender uma nova língua. Querendo ou não, aprender um idioma exige muita "decoreba", principalmente quando você quer expandir seu vocabulário. A técnica da repetição espaçada garante que seu cérebro guarde grande quantidade de informações por muito tempo.

Agora que você já sabe como potencializar seu processo de aprendizado, está preparado para aprender sobre economia. Eu lhe garanto: ao contrário do que você pode estar imaginando, não é um bicho de sete cabeças. Se este é um assunto complexo para você, com as técnicas de *mindfulness*, de produtividade, de Feynman e da repetição espaçada, eu lhe garanto que conseguirá absorver os conhecimentos da maneira mais eficiente possível e aprender de verdade.

CAPÍTULO 7

O ENSINO NÃO TE ENSINOU COMO A ECONOMIA FUNCIONA

QUANDO VOCÊ OUVE uma notícia falando sobre o aumento da inflação ou a queda da taxa Selic, você consegue entender como isso impacta sua vida? Quando você lê nos jornais que a Casa da Moeda vai imprimir mais dinheiro, você sabe como isso acontece e quais serão as consequências? E por que os bancos existem?

Economia pode parecer um assunto hermético, fechado somente a profissionais de negócios, consultores financeiros e políticos. Por outro lado, repare: você pode não entender muito sobre economia, mas com certeza tem opiniões fervorosas quando se trata de seu custo de vida, dos impostos que você paga e dos gastos públicos que são feitos com seu dinheiro.

Comentários como "O governo não investe em educação", "A reforma da Previdência precisa passar", "Lula vai ferrar o Brasil se for reeleito e ponto" fazem parte das nossas conversas na mesa de jantar, em bares com os amigos e nas discussões de trabalho. Isso significa que a economia, querendo ou não, está no centro do nosso dia a dia. Afinal, precisamos pagar aluguel, IPTU, conta de luz, água, alimentação e vários outros fatores essenciais, para termos um mínimo de qualidade de vida.

Mas a maioria dessas opiniões vem da boca para fora, sem muito embasamento teórico e análise profunda sobre a situação em questão. O que acontece é que tendemos a nos deixar influenciar pelas opiniões de pessoas que admiramos, como algum familiar, amigo, professor ou alguém engravatado no noticiário. Saímos reproduzindo argumentos que absorvemos das figuras de autoridade sem ao menos ter uma análise crítica própria.

A economia faz parte da nossa vida, por isso é tão importante entendê-la. Precisamos nos munir de conhecimentos mais amplos sobre o fluxo do dinheiro no mundo e os fatores que o influenciam, para deixar de regurgitar informações sem pensar o suficiente a respeito.

Lembre-se do seguinte: a importância de aprender economia é de não se deixar ser enganado pelos que se dizem especialistas no assunto. Aliás, não se deixar ser enganado por nenhuma outra pessoa, por mais respeitada que ela seja. Para exercermos nosso senso crítico, precisamos primeiro questionar. E, para questionar assertivamente, precisamos entender os fundamentos da economia para conseguir construir nossas próprias opiniões.

O QUE É ECONOMIA?

"Economia" vem de uma palavra grega, *oikonomia*, que basicamente significa "administração da casa". Hoje, a palavra recebe outros significados: "estudo da maneira de gerir os recursos" e, mais especificamente, "produção e permuta de bens e serviços". Ou seja, a economia é uma ciência que estuda a gestão de recursos e analisa a produção, a distribuição e o consumo de bens e serviços.

Produzir bens e prestar serviços são práticas tão antigas quanto a própria civilização. Em sua obra *A República* (século IV a.C.), o filósofo grego Platão já descreveu o que seria a constituição política e social de um "estado ideal". De acordo com Platão, esse estado funcionaria com fornecedores especializados oferecendo seus produtos e serviços de boa vontade para o bem comum. Podemos dizer que Platão provavelmente foi um dos primeiros comunistas da Terra.

Seu aluno, Aristóteles, pensava um pouco diferente. Aristóteles defendia o bem privado, suscetível a negociações no mercado. Sua justificativa era de que, quando algo pertence a todos, ninguém de fato assume responsabilidade e o cuidado sobre aquilo. Ou seja, quando algo é de todos, acaba não sendo cuidado por ninguém. Aristóteles dizia que um indivíduo precisa ter o senso de que algo é seu para querer preservá-lo.

O Estado ideal só acontece quando os produtos e serviços são projetados para o bem comum.
— PLATÃO

O bem privado pode estar suscetível a negociações no mercado. Se algo pertencer a todos, não será cuidado por ninguém. O indíviduo só deseja proteger algo que ele sente possuir.
— ARISTÓTELES

Apesar de terem opiniões diferentes, Platão e Aristóteles enxergavam a economia mais como uma questão de filosofia moral. Em vez de analisar como funcionava o sistema econômico da época, os dois apenas desenvolveram ideias de como esse sistema deveria funcionar.

Então, o estudo aprofundado do funcionamento da economia como ela é hoje é algo relativamente novo. Para você ter uma ideia, os primeiros economistas que transformaram o estudo da economia em uma ciência surgiram somente no final do século XVIII.

A economia surgiu principalmente com o cruzamento de dois eventos específicos: a publicação do livro *A riqueza das nações*, em 1776, escrito por Adam Smith; e a Revolução Industrial. O aparecimento das máquinas e o aumento da produção em escala trouxeram uma nova era de organização econômica que, hoje, chamamos de “economia de mercado”.

ADAM SMITH, O PAI DA ECONOMIA MODERNA

Adam Smith afirmava que essa economia de mercado era regida por uma espécie de "mão invisível" (da qual você já deve ter ouvido falar) de forma que as ações de indivíduos interesseiros e egoístas acabam dando ao mercado exatamente o que ele precisa.

Mas como assim?

Smith acreditava que as interações econômicas se dão por meio de atitudes de indivíduos que buscam sempre o melhor pelo seu interesse pessoal. Uma passagem de seu livro[50], inclusive, diz o seguinte:

Não é da benevolência do açougueiro, do cervejeiro ou do padeiro que devemos esperar nosso jantar, mas da consideração que eles têm pelo próprio interesse.

O que ele quis dizer é que o padeiro faz pão pelo simples desejo de lucrar, não pela generosidade de preparar um alimento gostoso para você comer. Mas isso não significa que ele seja uma pessoa ruim; ele só é ambicioso. O livre-arbítrio de milhões de indivíduos que interagem entre si de forma aleatória cria um movimento coordenado que gera concorrência, oferta e demanda para o mercado.

Em outras palavras, Smith acreditava que a tentação natural do homem pelo dinheiro, por querer ter tudo do bom e do melhor, faria com que ele naturalmente assumisse posturas empreendedoras. Assim, ele concederia exatamente o que o mercado estava precisando. Então, apesar de ser movido por um interesse egoísta, ele acabava agregando valor para a sociedade. E o empreendimento que não conseguisse atender à demanda do mercado iria à falência.

A regra é: empreendimentos que não lucram não continuam, e empreendimentos que lucram prosperam. Prosperam tanto que chamam atenção de outros empreendedores que também querem lucrar naquele mercado. Com isso, surge a concorrência. Essa é a “mão invisível”, uma força misteriosa que guia toda a humanidade para mais riqueza e prosperidade.

Mas e o consumidor? Como ele fica nessa história?

Smith acreditava que os consumidores buscavam sempre os melhores benefícios associados aos melhores custos. Ou seja, o melhor custo-benefício. Por isso, se uma empresa oferecesse um produto/serviço por um preço muito alto, os clientes acabariam comprando de outro lugar que estaria ofertando por um valor mais baixo. Portanto, uma empresa que abusasse dos preços logo iria à falência, pois não venderia para ninguém.

Por exemplo, vamos supor que João abre a primeira farmácia de sua pequena cidade no interior de Minas. Antes, moradores da cidadezinha precisavam se deslocar dezenas de quilômetros até a farmácia mais próxima. A farmácia de João se torna um grande sucesso, sendo a única opção de farmácia na cidade. Por não ter competição, João tem muitos lucros em seu empreendimento. Com isso, um outro morador da mesma cidade decide também abrir uma farmácia para usufruir dos altos lucros que João parece estar tendo. Assim, o concorrente oferece produtos com preços mais baixos para atrair a clientela de João. Dessa forma, João é obrigado também a reduzir seus preços para não perder seus clientes. Resultado: as margens dos empreendimentos diminuem pelo aumento da concorrência e os clientes são beneficiados por poder escolher comprar produtos a preços atraentes em duas localizações na mesma cidade.

Normalmente uma indústria perde tração porque ela ficou obsoleta em relação a outra que está surgindo agora, ou simplesmente porque, ao longo do ano, a economia se move em ciclos de maneira a favorecer algumas indústrias específicas enquanto em outros períodos favorece outras. Vejamos um exemplo:

Durante a pandemia

Durante a pandemia, a demanda por roupas cai e a de máscaras sobe. Para cortar os custos, as empresas de vestuário precisam mandar mais pessoas embora, enquanto as fábricas de máscara precisam contratar mais pessoas para aumentar sua produção e suprir a alta demanda.

Hoje em dia, vemos um fenômeno semelhante, mas que não é cíclico. Porque, caso alguma empresa esteja pagando mal ou oferecendo condições de trabalho ruins, os funcionários podem procurar por outra que os atenda melhor. Na verdade, cada vez mais estamos conhecendo empresas que valorizam o bem-estar de seus funcionários, oferecendo-lhes conforto, lazer, eventos de integração, capacitações etc. Isso porque, para atrair os melhores funcionários, empresas precisam se dispor a tratá-los da melhor forma.

"Mas, Breno, muitos funcionários se submetem a condições horríveis por estabilidade, pois não sabem se jamais conseguirão um emprego melhor ou até mesmo se correm o risco de acabar em um lugar pior caso peçam demissão."

Deixa eu responder isso com uma história:

Um homem sábio e idoso estava na varanda de casa com seu neto. Sentado no chão entre eles estava o cachorro do avô. Depois de alguns minutos, o cachorro começou a ganir. O neto então perguntou: "Vô, por que o cachorro está chorando?". O avô respondeu: "Porque ele sentou em um prego". O neto retrucou: "Então por que ele não levanta?". E o avô respondeu: "Porque não está doendo o suficiente".

Todos temos um limite do quanto podemos suportar. Um empregador é incapaz de exigir que um funcionário trabalhe sete dias por semana, durante 24h todos os dias, em condições insalubres e sem alimentação. Ninguém concordaria com isso. E hoje já existem mecanismos legais que impedem esse tipo de exploração. Funcionários só aceitam até o limite que estão dispostos a suportar. Se esse limite é ultrapassado, eles buscam outro lugar para trabalhar. É como se, de fato, houvesse no livre mercado uma mão invisível que guiasse toda essa aleatoriedade em uma direção comum de riqueza, prosperidade e justiça.

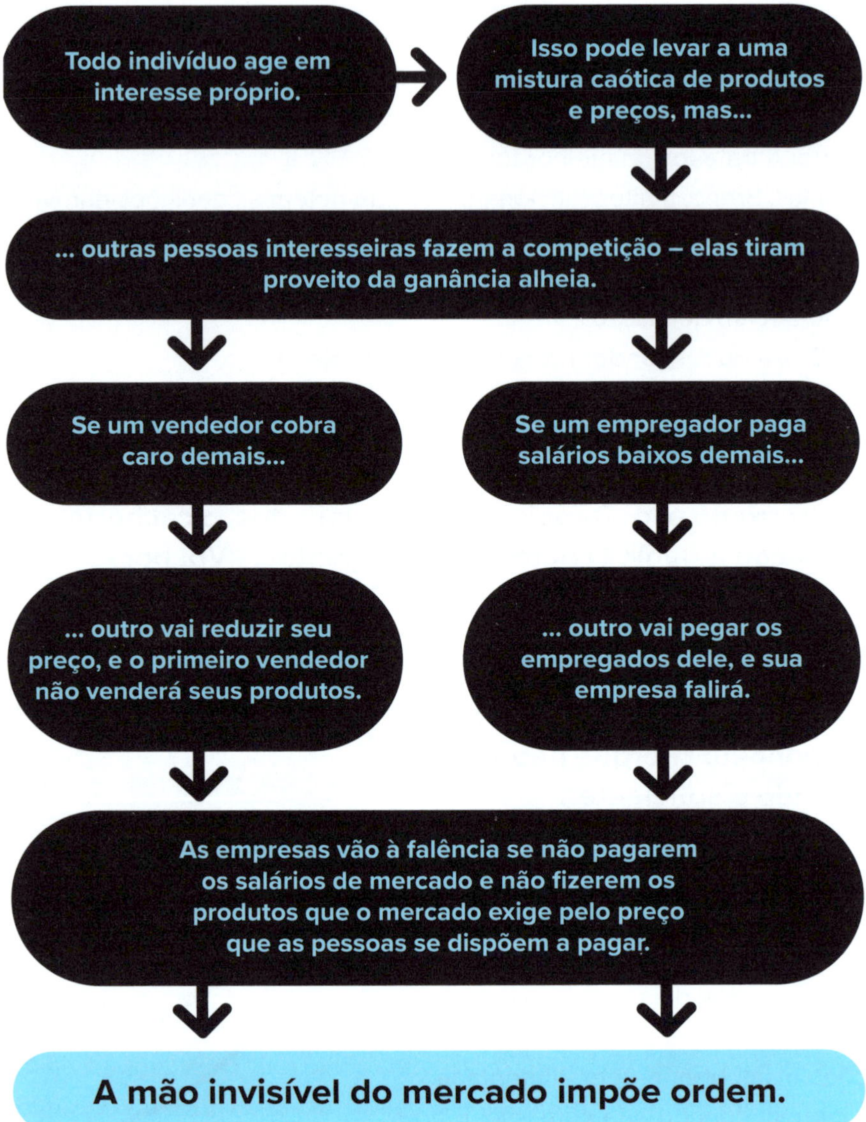

Fonte: *O livro da economia*. Rio de Janeiro: Globo, 2012.

Adam Smith também atacou os monopólios. Um monopólio é uma empresa que detém a exclusividade no fornecimento de um produto ou serviço para a população, sem sofrer concorrência.

Quando há somente um fornecedor de determinado produto, a empresa pode muito bem manter seus preços acima do valor justo, simplesmente porque não existe concorrência. Esses monopólios tendem a ser favorecidos por governos centralizadores e intervencionistas. Afinal, um governo intervencionista tende a cobrar altos tributos sobre produtos estrangeiros, o que encarece a importação. E o que isso tem a ver?

Na dificuldade de consumir produtos estrangeiros, a população fica restrita a consumir produtos e serviços prestados por indústrias apoiadas pelo governo. Contudo, sem a livre competição com outras empresas, não há incentivo para monopólios nacionais buscarem aumentar a qualidade de seus produtos ou reduzirem seus preços. Com isso, a população é prejudicada.

Entre os séculos XV e XVIII, a Europa viveu a era do mercantilismo. Estados mercantilistas buscam manter uma balança comercial favorável, em que o volume de exportações sempre deve ser maior que o de importações. Nessa época, o pensamento comum era que a economia era um jogo de soma zero em que importar mais significava perder dinheiro e exportar mais significa ganhar dinheiro. Então, os Estados aplicavam altas barreiras alfandegárias sobre produtos estrangeiros para não negativar a balança comercial.

Nesse cenário, o Estado assume uma posição intervencionista na economia, aumentando impostos sobre as importações. Com isso, as empresas locais acabam não competindo com as empresas de fora, já que os produtos estrangeiros ficam muito caros. Isso desincentiva que empresas locais desenvolvam produtos melhores e mais baratos. Afinal, elas não precisam competir com empresas estrangeiras, e assim surgem os monopólios.

Então, para combater esses monopólios, Adam Smith defendia uma economia livre e aberta. Essa defesa de uma economia livre e de intervenção mínima do Estado ficou conhecida como política de Laissez-Faire.

Smith era contra monopólios e defendia um Estado menos centralizador. Ele dizia que vinte mercearias que vendem um mesmo produto tornam o mercado muito mais competitivo do que somente duas. Ou seja, quando há incentivo à concorrência, os preços dos produtos tendem a ser mais baixos e ter mais qualidade para os clientes.

Como vimos anteriormente, a Cielo havia perdido a liderança no mercado de pagamentos. O aumento da concorrência obrigou a empresa a se adaptar às transformações digitais para não perder relevância no mercado e continuar rentável e competitiva[51]. Uma das inovações foi o Lio+, um *smartphone* que funciona também como maquininha de cartão, feito para pequenos empreendedores e autônomos que não possuem maquininhas para receber pagamentos. Após dois anos de reestruturação, o lucro líquido da empresa cresceu 35% e a base de clientes no varejo aumentou.

Naturalmente sabemos que hoje a economia não é um jogo de soma zero. A importação de produtos estrangeiros pode permitir aumentarmos a riqueza de nossa economia local a partir da renda que geramos por meio deles. Por exemplo: você importa um computador capaz de aguentar projetos pesados de *designs* gráfico que você pode fazer para clientes em troca de dinheiro. Nesse caso, comprar um computador estrangeiro lhe deu não só uma fonte de renda, mas permitiu que com a sua renda você consumisse mais de outros negócios locais. Ou seja, apesar de você ter comprado um computador estrangeiro em um primeiro momento, você foi capaz de gerar muito mais riqueza localmente do que o dinheiro que você exportou.

Percebeu como tudo está relacionado?

Smith provou que a liberalização dos mercados gera riqueza em um fluxo circular contínuo:

Ciclo virtuoso de geração de riqueza

ECONOMIA: UMA CIÊNCIA NÃO TÃO EXATA

Eu nunca vou entender economia, pois não sou bom em matemática.

Certamente, você já deve ter ouvido alguém falar isso, ou você mesmo pode ter esse pensamento. Mas trago boas notícias: você não precisa ser um *expert* em matemática para entender economia.

Claro que economia envolve ferramentas matemáticas, mas, no geral, diz muito mais sobre os fenômenos sociais do que propriamente resultados numéricos obtidos por meio de cálculos. Existe uma diferença significativa entre a economia e outras ciências. Por exemplo, a física e a química usam a matemática para interpretar as leis universais que regem o funcionamento do cosmos. Ou seja, essas leis existem independentemente do comportamento do ser humano, ou mesmo de sua existência.

Por outro lado, como a economia surgiu a partir do comportamento racional e irracional do ser humano, ela depende exclusivamente de suas atitudes, de suas escolhas e de sua existência. Ou seja, apesar de a economia também se basear em modelos matemáticos, ela é considerada uma ciência "leve", bem como sociologia, psicologia e política.

Além disso, os economistas podem sugerir alterações no conceito de economia de acordo com os acontecimentos do mundo e as circunstâncias atuais. E isso pode ser feito quebrando a economia em suas duas áreas principais: a macroeconomia e a microeconomia.

A **macroeconomia** mede o crescimento, o desenvolvimento de uma nação, o desemprego, o controle da inflação, a riqueza de um país de acordo com sua produção, sua renda e sua política de comércio internacional, como abertura completa de mercado ou protecionismo alfandegário.

Já a **microeconomia** analisa as interações entre pessoas e empresas dentro de um mercado, por exemplo, por meio dos princípios da lei da oferta e da procura, como também da concorrência que é gerada entre muitos participantes nesse mercado.

Com o passar do tempo, ainda foram surgindo várias escolas de pensamento econômico, como a Escola Austríaca, a Escola Britânica e a Escola Suíça. Todas elas, grosso modo, discordam entre si em relação ao nível de intervenção do Estado na economia.

COMO FUNCIONA O SISTEMA FINANCEIRO NACIONAL

Você já deve ter ouvido falar do Banco Central, também conhecido como Bacen. O Bacen controla a quantidade de dinheiro e crédito na economia por meio de uma série de ferramentas que lhe permitem regular e promover o progresso econômico do país. A mais conhecida dessas ferramentas é o controle dos juros[52] por meio da regulação da taxa Selic. Já vamos falar mais sobre ela.

O objetivo do Banco Central é garantir a estabilidade ao nosso sistema financeiro nacional e assegurar o poder de compra da nossa moeda. Para isso, o Bacen precisa controlar a inflação e, a partir daí, adotar medidas econômicas para cumprir a meta de inflação imposta pelo Conselho Monetário Nacional[53].

Mas como o Bacen controla a inflação?

Vou te contar uma história. Numa casa há 1 milhão de reais distribuídos entre os moradores. Tudo o que há dentro da casa (itens pessoais, eletrodomésticos, móveis etc.) pode ser negociado entre seus moradores. De repente, um homem misterioso invade a casa e deixa mais 1 milhão de reais e vai embora. Veja que a quantidade de itens dentro da casa não mudou, são exatamente os mesmos, mas a quantidade de dinheiro circulando na casa dobrou.

Como o número de itens não aumentou, e de repente todos os moradores ganharam mais dinheiro, agora eles vão precisar cobrar mais caro para vender os mesmos itens. Como há o dobro de dinheiro disponível, todos os itens serão negociados pelo dobro do preço. Ou seja, a moeda passou a valer menos e a mesma quantidade de dinheiro agora compra somente a metade do que antes comprava.

Porém, agora considere o seguinte cenário: em vez de o homem misterioso invadir a casa e deixar mais 1 milhão de reais, ele deixa uma sacola cheia de itens valiosos. Nesse momento, a casa possui mais itens para serem negociados do que antes, mas o dinheiro total circulando ainda se mantém em 1 milhão de reais. Como o número de itens é maior mas a quantidade de dinheiro é a mesma, os itens poderão ser negociados pela quantidade de dinheiro que há disponível. Ou seja, os moradores agora têm um poder de compra maior, pois com a mesma quantidade de dinheiro podem comprar mais itens. Ou seja, todos ficaram mais ricos.

Nesse exemplo, a casa representa a economia; os moradores, a sociedade; os itens pessoais, a riqueza da economia; e o invasor, o governo. Quanto mais riqueza há na economia (empresas, itens de alto valor agregado, capital intelectual, infraestrutura etc.) para a mesma quantidade de dinheiro, mais vale o dinheiro (inflação baixa e controlada). Quanto mais dinheiro há na economia para a mesma quantidade de riqueza, menos vale o dinheiro (inflação alta e descontrolada).

Se há aumento da oferta de dinheiro[54] na economia para a mesma quantidade de riqueza, a tendência é que a moeda acabe perdendo seu valor, se desvalorizando – uma característica clássica do processo de **inflação**. Justamente pela lei da oferta e da procura, os preços no geral aumentam e a inflação corrói o poder de compra da população. E quais são as consequências disso no curto prazo?

Banco Central controla a inflação

O Banco Central define o valor da taxa Selic, nossa taxa básica de juros. Essa variação influencia os juros dos cartões de crédito, os financiamentos, os empréstimos e também a rentabilidade das aplicações financeiras de investidores. A variação da taxa Selic depende da política monetária do Bacen: **expansionista** (incentivar o consumo) ou **contracionista** (frear o consumo).

No caso de uma política contracionista, o Banco Central, que guarda o Tesouro Nacional – o caixa do governo, que assegura a devolução da totalidade do seu dinheiro investido e os juros na data de vencimento do título –, aumenta a taxa Selic. Isso eleva a rentabilidade dos títulos públicos oferecidos pelo governo para a população, induzindo as pessoas a investir seu dinheiro por meio da compra de títulos do Tesouro Direto. Assim, se o dinheiro é investido, ele não está sendo usado para consumo. Isso retira dinheiro de circulação e desaquece a economia.

Já ouviu falar em Tesouro Direto? Vamos nos aprofundar mais sobre essa modalidade de investimentos no próximo capítulo. Mas, basicamente, o Tesouro Direto é um programa que viabiliza que a população empreste dinheiro para o governo com a promessa de recebimento de juros no futuro. Quanto maior é a taxa Selic, maior é a rentabilidade dos títulos do Tesouro Direto.

No caso de uma política expansionista, por outro lado, o Banco Central recompra títulos públicos da população e de instituições financeiras. Assim, o Bacen lhe devolve seu dinheiro que antes estava investido. Ou seja, com esse dinheiro em mãos, você poderá usá-lo para gastar e aquecer a economia.

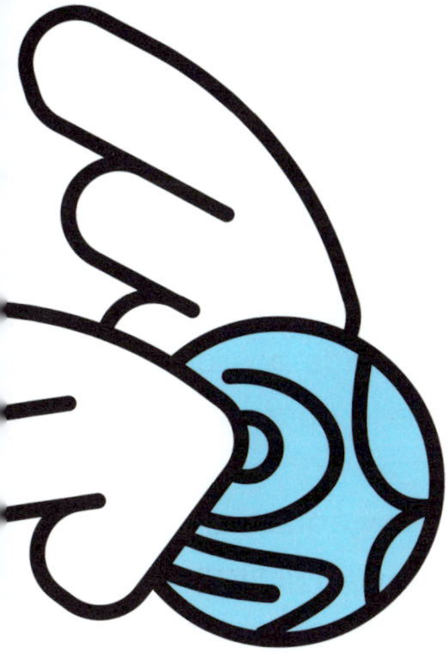

O que vai incentivar o Banco Central a traçar uma política expansionista ou contracionista são fatores como a inflação, a taxa de desemprego, as falências de empresas e a falta de comida na geladeira dos brasileiros. O que mais influencia a política monetária do Bacen é o crescimento da inflação.

O Banco Central não quer a inflação muito alta, pois isso pode gerar problemas catastróficos, como aconteceu entre 1980 e 1994, em que a hiperinflação fez com que a moeda fosse desvalorizada em descontrole e os preços dos produtos subissem de forma abismal e rápida a cada dia. Vamos falar dela mais para a frente.

Então, quando o Banco Central vê que os preços estão aumentando, o que ele faz? Aumenta a taxa Selic de volta. Como vimos anteriormente, isso faz com que os juros dos bancos comerciais fiquem mais caros e a rentabilidade de aplicações financeiras aumente, desestimulando o consumo e incentivando a poupança. A consequência é a desaceleração da inflação.

Mas o Bacen também não quer que a economia fique estagnada, pois isso prejudica o poder de consumo da população, os lucros das empresas e aumenta o desemprego. Foi o que aconteceu na crise da covid-19, com a queda da produção e as altas taxas de desemprego. O Bacen manteve a taxa Selic em 2% – a mais baixa da história do Brasil – justamente para tentar reaquecer a economia.

Ah, então é fácil: em uma crise econômica, é só ir lá e injetar mais moeda na economia.

Não!

Imprimir papel-moeda é um recurso arcaico para regular a economia por dois motivos: hoje o dinheiro é praticamente eletrônico, portanto o Banco Central pode simplesmente acrescentar alguns zeros ao quanto de dinheiro ele tem em custódia, apesar de isso não ser nada inteligente – e, como vimos, não se deve aumentar a quantidade de dinheiro na economia para financiar gastos públicos, porque, ao aumentar o dinheiro sem elevar a riqueza de uma economia, a inflação sobe. As formas mais inteligentes de combater uma crise são: corte de gastos do funcionalismo público, para que sobre mais dinheiro para ser reinvestido na sociedade, e redução da taxa Selic.

Além disso, o aumento da quantidade de dinheiro em circulação deve corresponder no máximo ao ritmo do crescimento econômico do país medido pelo PIB[55]. Por isso, em uma crise, o governo não sai emitindo moeda desenfreadamente. Pense comigo: se a quantidade de moeda não estiver de acordo com o crescimento econômico, muitas pessoas vão ter dinheiro para consumir, mas a produção de bens e serviços continuará a mesma. Ou seja, a oferta não será capaz de acompanhar a demanda. E isso pode gerar hiperinflação, cuja escassez de produtos e serviços faz com que o preço aumente cada vez mais.

Existem outros fatores que influenciam o equilíbrio da economia, como a taxa de impostos cobrados sobre importações, o balanço entre importação e exportação e a gestão dos recursos públicos feita pelo governo. Mas a ideia aqui é que seja um resumo simples do funcionamento de uma economia que se aplica em qualquer país que tenha uma economia de mercado, não só o Brasil.

Agora, para entender a economia brasileira, é preciso também, imprescindivelmente, conhecer a história do Plano Real.

A VITÓRIA DO PLANO REAL

Se você faz parte da geração que veio depois do Plano Real, assim como eu, provavelmente não sabe o que é viver em uma economia extremamente instável, incerta e caótica. Você provavelmente já ouviu seus pais ou tios contando histórias de quando iam ao supermercado e compravam produtos em grande quantidade para estocar em casa por um mês inteiro.

Isso acontecia porque, de 1980 até o início dos anos 1990, o Brasil vivia uma hiperinflação que fazia com que os preços dos produtos quase dobrassem[56] de um mês para o outro. Os preços oscilavam a cada momento. Até duas vezes por dia, comerciantes passavam com o remarcador de preço nas prateleiras, e os consumidores desesperadamente saíam comprando o máximo de suprimentos possível para não correrem o risco de se depararem com um valor ainda mais alto no dia seguinte.

Nessa época, o Estado passou por dificuldades enormes: gastava mais do que arrecadava com impostos, o que fazia com que ele precisasse aumentar sua dívida para se manter operante; o dinheiro público era mal utilizado em obras superfaturadas, dando margem à corrupção; e o número alto de funcionários públicos tornava os gastos do governo ainda mais insustentáveis.

Mas essa situação foi consequência de uma série de problemas que o governo vinha passando desde 1964, início do Regime Militar. A dívida externa[57] brasileira saltou de 3 bilhões de dólares, em 1964, para mais de 105 bilhões no final da ditadura, em 1985.

Em 1993, o país chegou a ter uma hiperinflação acumulada de mais de 2.000% ao ano. Para você ter uma ideia, hoje em dia nossa inflação ao ano está na casa dos 4%.

A IMPLEMENTAÇÃO DA URV

Nesse mesmo ano, Itamar Franco, então presidente do Brasil, convocou Fernando Henrique Cardoso para presidir o Ministério da Fazenda (atual Ministério da Economia). E qual era seu objetivo? Traçar um novo plano para solucionar a hiperinflação do Brasil. Assim, a jogada de mestre de FHC foi implementar a Unidade Real de Valor (URV).

A URV pode ser considerada a parte fundamental do plano. Ela era uma moeda atrelada à cotação do dólar do dia anterior. Era uma paridade de 1 para 1, ou seja, 1 Unidade Real de Valor equivalia a 1 dólar. Tudo passou a ser indexado à URV.

Na prática, todos os preços dos produtos que estavam nas prateleiras eram marcados com suas respectivas URVs. Mas, quando o cliente ia pagar por um produto, seu valor, naquele momento, era convertido em moeda circulante, o cruzeiro real. A paridade entre URV e o cruzeiro real era atualizada todos os dias por meio de uma nota oficial do Banco Central.

Imagine que, no dia 29 de março de 1994, você foi ao supermercado e decidiu comprar um frango que estava custando 1 URV. Chegando no caixa, esse valor foi convertido, e, então, você pagou 890 cruzeiros reais. Isso significa que, naquele dia em específico, a paridade de 1 URV era de 890 cruzeiros reais.

Apesar de ser uma moeda escritural, ou seja, que não existia fisicamente, a URV servia para todas as transações econômicas, com conversão obrigatória de valores.

No dia 1º de julho de 1994, uma medida provisória que, posteriormente, se concretizou em lei, transformou a URV numa nova moeda, o Real, mantendo também a paridade de 1 real para 1 dólar. Para você ter uma ideia, a inflação que havia se acumulado do início de 1994 até aquele momento era de 815%. Sob o efeito da nova moeda, a inflação foi de somente 6% até o final do ano – mínima recorde em duas décadas.

Mas por que associar 1 real a 1 dólar conteve o avanço da inflação?

O efeito da URV na economia brasileira

ANTES, COM A HIPERINFLAÇÃO:

Com quantidade excessiva de dinheiro na economia, o consumo geral na economia aumentou.

A moeda brasileira estava muito desvalorizada.

Para atender a demanda do consumo, a produção aumentou também. Mas não era o suficiente para suprir a demanda.

Com isso, os preços dos produtos não paravam de subir.

DEPOIS, COM A URV:

Foi estabelecida uma paridade de 1 URV para 1 dólar.

Com isso, os preços diminuíram de forma generalizada.

O dólar barato permitiu a entrada de produtos estrangeiros no Brasil com maior facilidade. Afinal, agora a população tinha melhores condições para importar produtos dolarizados.

A importação de produtos estrangeiros expandiu a oferta de produtos no mercado brasileiro que antes estavam escassos e aumentou a competição.

O dólar é a moeda de escolha em transações internacionais. Todo produto têm algum componente que, em um determinado momento, foi negociado em dólar. Por isso, os produtos têm influência do dólar em seu preço final. Por exemplo, a soja:

O efeito do dólar na economia brasileira

O dólar aumenta.

Como a máquina de soja vem de fora, seu preço também aumentará.

Com isso, o preço final da soja estará mais alto, e, consequentemente, todos os produtos que a têm em sua composição também estarão.

Por conta da desvalorização do real ante o dólar, as pessoas perdem seu poder de compra.

Então, pense: se o real passa a ser ancorado ao dólar numa paridade de 1 para 1, o dólar acaba contendo o aumento dos preços dos produtos brasileiros. E isso ajuda a controlar a inflação.

Durante o Plano Real, houve outros instrumentos usados pelo governo para conter a inflação (como vimos no tópico anterior), principalmente associados a uma política monetária contracionista. Inclusive os juros altos também tinham o propósito inicial de controlar o balanço de pagamentos, que é basicamente a relação entre o dinheiro que sai e o dinheiro que entra no Brasil (por meio da exportação e da importação).

E como a taxa de juros controlava o balanço de pagamento?

Com juros altos, a rentabilidade da renda fixa (vamos nos aprofundar mais no próximo capítulo) é maior. Com isso, os investidores estrangeiros ficam mais predispostos a investir em títulos públicos brasileiros, que, além de gerar boas rentabilidades, são os investimentos mais seguros no Brasil.

O pensamento do Banco Central com essa política era de que, com uma taxa de juros alta, a quantidade de dinheiro que entraria no Brasil controlaria o balanço de pagamentos. E deu certo: o fluxo de dinheiro vindo do exterior aumentou, e, assim, houve um crescimento da procura pelo real.

Porém, o Bacen não conseguiu manter a paridade de 1 real para 1 dólar apenas aumentando as taxas de juros. Ele precisou manipular o valor do real para que ficasse artificialmente ancorado ao valor do dólar. Então, o governo recorreu às operações de *swaps* cambiais, que consistem na venda de dólares de sua reserva internacional.

Quanto mais o dólar se valoriza, menos a população consegue importar produtos. Ao vender dólares de suas reservas internacionais para comprar reais, o governo aumenta a disponibilidade de dólar no mercado e diminui a do real. Ou seja, pela lei da oferta e da procura, se a quantidade de dólar na circulação do mercado aumenta, então ele se desvaloriza e o seu preço diminui em relação ao real. Assim, ao estimular o aumento da procura pela moeda brasileira, as operações de *swaps* cambiais fazem com que seu preço em relação ao dólar suba, favorecendo a compra de insumos estrangeiros pelos produtores nacionais.

Resumidamente, aumentando taxas de juros e realizando *swaps* cambiais, o Banco Central conseguiu manter a paridade de 1 para 1. Mas não pense que foi tão simples assim.

Essa manipulação artificial do mercado criava uma pressão enorme sobre o preço do dólar, já que a população brasileira, aproveitando os preços baixos do dólar, continuava importando mais produtos estrangeiros. Então, para conseguir compensar, o Banco Central precisava gastar ainda mais de suas reservas internacionais para continuar as operações de *swaps* cambiais.

Como você já deve ter percebido, uma hora essas reservas internacionais iriam acabar, e o governo só conseguiria se sustentar aumentando sua dívida. Então, com o tempo, manter o valor do real ancorado ao dólar foi se tornando cada vez mais inviável. E como isso foi solucionado?

REGIME DE CÂMBIO FLUTUANTE

A política de câmbio fixo do real em relação ao dólar de fato ajudava a conter o fantasma da hiperinflação. Mas também prejudicou o resultado das contas externas. Para resolver esse problema, em 1999, o então presidente do Bacen, Armínio Fraga, mudou a política econômica e decidiu adotar o regime de câmbio flutuante. Ou seja, basicamente deixar que o valor do real fosse livremente negociado no mercado sem a intervenção do governo.

Naquele ano, o preço do dólar em relação ao real disparou:

Trajetória do dólar durante o Plano Real

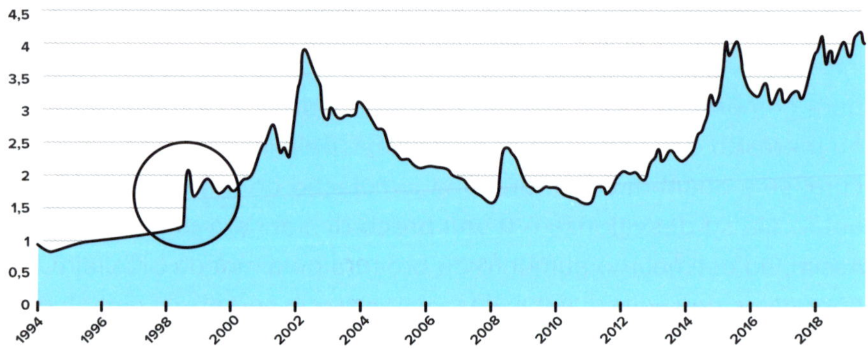

Fonte: PARMAIS, A trajetória do dólar desde o Plano Real. Disponível em: https://www.parmais.com.br/blog/a-trajetoria-do-dolar-desde-o-plano-real/. Acesso em: 28 jun. 2021.

O real, estando mais desvalorizado em relação ao dólar, eliminava o saldo negativo do balanço de pagamentos que a sua própria sobrevalorização havia causado. Afinal, agora menos produtos estrangeiros entravam no Brasil por conta de os preços estarem menos acessíveis para a população. Com menos produtos estrangeiros entrando, também havia menos dinheiro saindo. Assim, o Banco Central não precisava mais se preocupar em consumir todas as suas reservas internacionais por meio de *swaps* cambiais, já que a taxa cambial passou a tomar conta do balanço de pagamentos.

Antes, a taxa de câmbio tomava conta da inflação, e a taxa de juros tomava conta do balanço de pagamentos. Mas, como vimos, esse modelo não se sustentaria para sempre. Então, as funções se inverteram: a taxa de câmbio passou a cuidar do balanço de pagamentos, e a taxa de juros passou a cuidar da inflação por meio da regulação da disponibilidade de crédito, como vimos no início deste capítulo.

O que se tem hoje é uma mudança que dá à taxa de câmbio uma função diferente da que ela tinha antes. Antes o governo dizia para a taxa de câmbio "Você toma conta da inflação" e dizia para a taxa de juros "Você toma conta do balanço de pagamentos", que é um regime de taxa

de câmbio fixa. Hoje nós estamos escalando o time de forma diferente. Nós estamos dizendo para a taxa de câmbio "Você toma conta do balanço de pagamentos" e para a taxa de juros "Você toma conta da inflação". – Armínio Fraga, ex-presidente do Banco Central, 1999[58].

E foi com essas palavras que, no dia 14 de junho de 1999, Armínio Fraga, presidente do Bacen, apresentou o plano de como deveria ser a estrutura da política econômica brasileira. O que Fraga descrevia naquele momento é o que veio a ser adotado como "tripé macroeconômico" – a meta de inflação, a meta fiscal e o regime de câmbio flutuante –, conjunto de medidas que guiaria a economia do país até os dias atuais.

Antes de finalizar, vamos resumir:

Controlar a taxa de câmbio para ancorar o real ao dólar foi um movimento inteligentíssimo e, inclusive, um dos maiores motivos pelos quais o Plano Real teve sucesso. A mudança da moeda para o real estabilizou a economia brasileira, pois o regime de câmbio fixo facilitou a importação de produtos estrangeiros. Isso aumentou a oferta e a competição de produtos na economia, o que reduziu seus preços e controlou a inflação.

Porém, o controle da inflação veio com um preço: o rombo no balanço de pagamentos. Nosso balanço ficou deficitário, pois havia uma quantidade maior de dinheiro saindo do Brasil do que entrando devido ao baixo custo das importações. Isso criou uma pressão para que o governo consumisse suas reservas internacionais por meio de *swaps* cambiais para manter a paridade do real com o dólar. Com a iminência de em breve ter de consumir todas as suas reservas internacionais, o Banco Central decidiu eliminar a paridade de 1 real para o dólar, implementando o regime de câmbio flutuante.

Agora que você aprendeu o básico da economia e entendeu como o sistema financeiro do Brasil funciona, lembre-se: é preciso sempre estar atento às notícias. Procure se atualizar diariamente. A economia muda a todo momento, devemos acompanhar as transformações.

Com esse conhecimento, você terá uma visão mais abrangente para analisar as situações de seu dia a dia que envolvem dinheiro, seja em seu empreendimento ou nas finanças pessoais. E, conforme você for desenvolvendo o olhar, cada vez mais será capaz de se antecipar para prevenir que eventuais crises possam te afetar.

A questão é que fica mil vezes mais difícil atingir um objetivo quando você não tem um conhecimento mínimo sobre economia. Assim como disse Armínio Fraga, “Nada disso funciona sem uma boa política fiscal” – seus objetivos dificilmente funcionarão sem um bom planejamento financeiro.

Dito isso, é hora de aprender a gerir o seu dinheiro.

CONHEÇA OUTRAS FERRAMENTAS DO BANCO CENTRAL PARA REGULAR SUA POLÍTICA MONETÁRIA

A exigência de que bancos comerciais entreguem ao Banco Central parte das suas captações por depósitos se chama depósitos compulsórios. A quantia de dinheiro repassado para o Bacen depende da política que ele deseja exercer: expansionista ou contracionista.

Se a política monetária do Banco Central é **expansionista**, há uma redução nesse compulsório para ter mais dinheiro nos bancos e, portanto, mais dinheiro disponível para empréstimos. Isso aumenta a quantidade de dinheiro que circula na economia. Com isso, a consequência pode ser aumento do consumo, redução do desemprego e alta da inflação.

Para exemplificar, vamos usar valores hipotéticos:

Funcionamento dos depósitos compulsórios

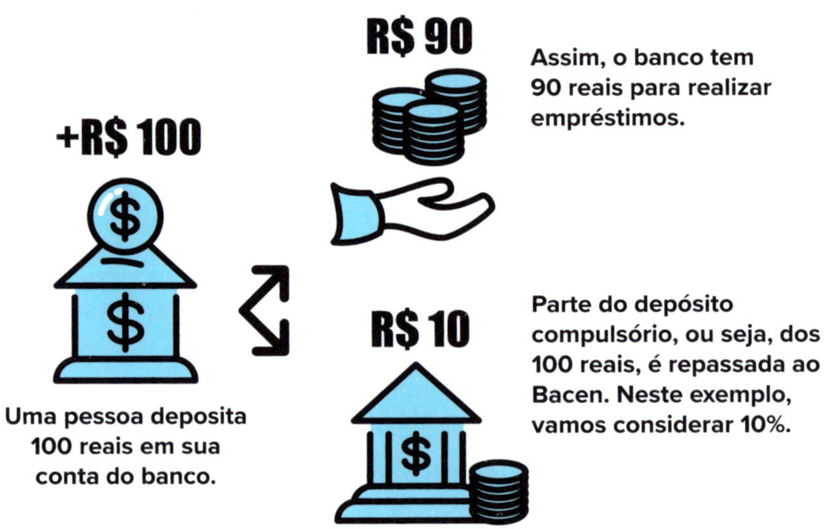

Por outro lado, caso o Bacen deseje exercer uma política **contracionista**, querendo tirar dinheiro da economia, ele aumenta as taxas do depósito compulsório, disponibilizando menos dinheiro para os bancos emprestarem à população. A consequência disso é a redução do consumo, da produção e da inflação, já que a disponibilidade de crédito é reduzida.

Funcionamento da política contracionista

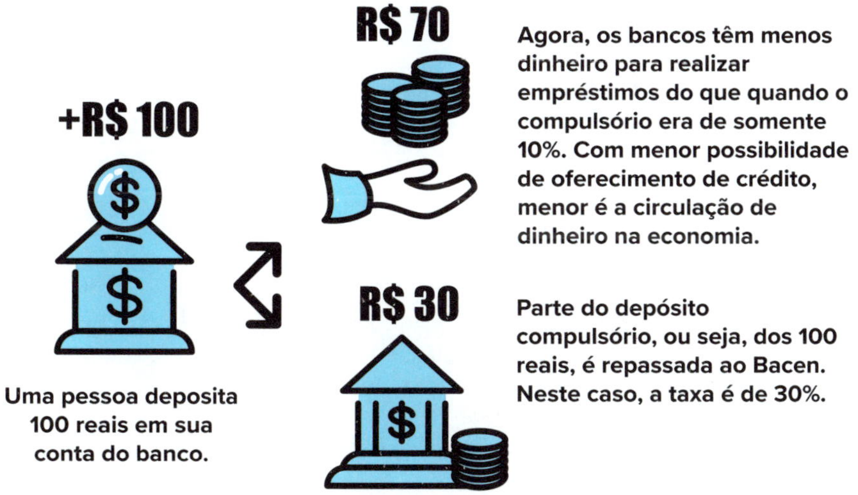

Isso também é possível por meio do redesconto. Redesconto pode ser encarado como o oposto do compulsório. Enquanto o compulsório diz respeito ao dinheiro dos bancos comerciais repassado ao Bacen, o redesconto se trata do empréstimo do Bacen aos bancos comerciais.

E é por isso que o Bacen é conhecido como o banco dos bancos, porque ele pode tanto servir como uma conta bancária dos bancos quanto emprestar dinheiro quando necessário. Esse empréstimo ocorre justamente quando os bancos comerciais precisam de liquidez ou quando o Bacen quer estimular a economia por meio de uma política expansionista.

CAPÍTULO 8

O ENSINO NÃO TE ENSINOU A INVESTIR

O BRASIL NÃO é referência em educação financeira. Estima-se que 80% dos brasileiros não guardam dinheiro nenhum mês a mês. Isso dá algo em torno de 170 milhões de pessoas, de acordo com a Associação Brasileira de Educadores Financeiros (Abefin)[59]. Já pensou? Cento e setenta milhões de brasileiros gastam todo o dinheiro que ganham no mês.

Mas por que é tão raro encontrar pessoas que tenham o hábito de poupar? É por causa da renda baixa? Imprevistos médicos? Falta de controle?

Todos esses motivos são reais. Mas o maior impeditivo é que a maioria das pessoas não faz ideia das vantagens de guardar dinheiro. Afinal, não existe nenhum incentivo capaz de fazê-las abrir mão das gratificações instantâneas associadas a gastar dinheiro agora. Para elas, vale muito mais a pena gastar dinheiro com roupas, baladas, bebidas, celulares de última geração, tênis da moda e outras coisas que dão prazeres imediatos do que abrir mão disso em prol de um futuro melhor.

Com isso, surge uma outra questão: por que elas não têm acesso a esse conhecimento?

Sabemos que, no Brasil, ter uma educação de qualidade é um privilégio. Poucas pessoas têm dinheiro para pagar uma boa escola para seus filhos. Porém, nem mesmo as que têm condições aprendem sobre educação financeira. Estudamos sobre leis de Newton na física, ciclo de Krebs na biologia e estequiometria em química, certo? Porém, não aprendemos sobre planejamento financeiro, tampouco sobre investimentos.

Não parece um tanto contraditório que as escolas atribuam maior importância a conhecimentos menos aplicáveis do que a outros que sejam realmente pertinentes à vida?

Lembro que, quando estava estudando sobre finanças, antes de criar a *Jovens de Negócios,* eu conversava com meus colegas de faculdade sobre economia e perguntava algo como "Você viu que a taxa Selic caiu?", mas ninguém entendia. Não faziam ideia do que eu estava falando. E isso me chamou atenção, pois, afinal de contas, era algo absolutamente relevante para nossa vida e, acima de tudo, tão fácil e básico que, se fosse ensinado com didática, uma criança de 11 anos seria capaz de entender.

A educação financeira é relevante para todos nós, e é nosso direito ser munido com os conhecimentos para usá-la em benefício próprio. Por exemplo, se você quer empreender, fazer seu negócio prosperar, você precisa ter um bom planejamento financeiro. Definir metas nos ajuda a traçar um plano sobre o que precisamos fazer para alcançá-las. E, quando o assunto é finanças, a mentalidade é a mesma. É preciso definir um valor financeiro a ser alcançado, em determinado prazo, para determinado fim.

valor + prazo + finalidade =

META

Definir metas nada mais é do que associar determinada quantia de seu patrimônio financeiro a um propósito que você deseja realizar.

Por exemplo: "Quero economizar 10 mil reais para viajar pro México daqui a dois anos", "Quero comprar um ingresso de 400 reais para o Rock in Rio quando a bilheteria abrir daqui a dois meses", "Quero me aposentar com 2 milhões de reais para viver de renda daqui a vinte anos".

Metas são uma forma eficiente de abrirmos mão das tentações de gastar dinheiro no curto prazo. Afinal, sem um destino específico para cada parcela de nosso patrimônio, no primeiro lançamento de um novo iPhone você acabará gastando tudo o que tem. Ou seja, se você não tiver objetivos bem definidos, não terá razões para poupar seu dinheiro e, assim, continuará gastando com superficialidades – como fazem 80% dos brasileiros.

Por isso, é importante que você distribua sua renda mensal em diferentes tipos de investimento de acordo com seus objetivos. Se você se planejar bem, consegue realizar todos eles. É só uma questão de planejamento. Afinal, investir não é um ato, mas sim um hábito.

O MUNDO DOS INVESTIMENTOS

O que é investir? Investir é nada mais do que uma forma de alocarmos recursos ao nosso dispor com a expectativa de que eles nos gerem frutos positivos no futuro.

É possível investir qualquer tipo de recurso: dinheiro, tempo, pessoas, conhecimento...

Por exemplo: se investirmos nosso tempo em um relacionamento, partimos do princípio de que no futuro teremos ao nosso lado uma grande amizade, teremos vivido momentos inesquecíveis, fortaleceremos os laços e quem sabe construiremos uma família.

Entretanto, todo investimento tem um preço: **o custo de oportunidade**.

O custo de oportunidade é o que estamos abrindo mão de fazer com o recurso que decidimos investir. Se investimos nosso tempo em um relacionamento duradouro, estamos abrindo mão de nos relacionar descompromissadamente com outra ou várias pessoas naquele mesmo tempo.

Com dinheiro não é diferente. Ao investirmos recursos financeiros, estamos abrindo mão de gastar dinheiro no presente para poder ter mais dinheiro no futuro.

Para muitos não é algo fácil de fazer. Afinal, usar o dinheiro agora pode ser muito mais atraente do que esperar para usá-lo no futuro para algo que às vezes nem sabemos o que é.

Mas como, na prática, investir vai beneficiar nossa vida no futuro?

O mundo dos investimentos possui um fator quase mágico que multiplica nosso patrimônio conforme o tempo passa. Chama-se **juros compostos**, que parecem o seguinte:

Hoje temos 100 reais. Com 100 reais podemos comprar hoje 2 garrafas de vinho de 50 reais. Agora vamos supor que, em vez de comprar as garrafas de vinho, você decida investir esse dinheiro. Depois de um ano, você olha para sua conta e percebe que os 100 reais inicialmente investidos se tornaram 110. Isso significa que seu dinheiro está rendendo a uma taxa de 10% ao ano. Após 10 anos, você terá 259 reais. Após 20 anos, 672 reais. Após 30 anos, 1.744 reais.

R$ 100

R$ 110 = 1 ANO

R$ 259 = 10 ANOS

R$ 672 = 20 ANOS

R$ 1.744 = 30 ANOS

O que aconteceu aqui?

Para cada ano que passou, sua rentabilidade de 10% ao ano passou a render sobre os valores previamente acumulados. Por exemplo: ao fim do primeiro ano de rendimento, seus 100 reais iniciais tornaram-se 110 reais. Mas, ao fim do segundo ano, os 10% incidiram sobre os 110 reais, não somente sobre os 100 iniciais. Ao final do terceiro ano, os 10% incidiram sobre os 121 reais e tornaram-se 133 reais. Esse ciclo continua formando uma bola de neve multiplicadora de riqueza sobre nosso patrimônio.

Agora pense duas vezes antes de comprar aquele docinho da padaria, ou o salgado da barraquinha perto da faculdade. A cada 100 reais que você gasta hoje, podem ser 1.744 reais que você está privando do seu futuro.

Se você começou a se sentir mal por todos os momentos em que gastou dinheiro com coisas superficiais, você está tendo a reação correta. Está tudo bem. Agradeça que agora você sabe do poder dos juros compostos. Afinal, aqueles que não entendem o efeito dos juros compostos não se sentem mal em sacrificar o futuro para viver o imediatismo e as gratificações instantâneas com o dinheiro que têm em mãos no curto prazo. Essas pessoas jamais enriquecerão.

Aqueles que enriquecem têm algumas características básicas essenciais em comum:

- **Sacrificam o presente em prol do futuro**. Pessoas com mentalidade rica entendem a importância dos juros compostos e evitam ceder às tentações de gastar dinheiro no curto prazo para sentir gratificação instantânea, porque assim sabem quanto mais de dinheiro terão no futuro.
- **Estudam sobre dinheiro**. Você já deve ter ouvido a história de alguém que ganhou na loteria, enriqueceu por meio do esporte ou recebeu uma herança, mas alguns anos depois todo o dinheiro já tinha acabado. Por que isso acontece? É simples. Essas pessoas não entendem que, se simplesmente se planejassem com cuidado, poderiam ter uma qualidade de vida de classe alta para sempre. Entretanto, em razão de falta de conhecimento e más escolhas, queimaram o dinheiro que receberam em coisas supérfluas e depois de um tempo voltaram para o mesmo lugar em que estavam antes de terem recebido a bolada.
- **Acumulam ativos**. Ativos são todos os investimentos capazes de se valorizar ao longo do tempo enquanto colocam dinheiro no nosso bolso durante esse processo. É por meio do acúmulo de ativos que um indivíduo pode, eventualmente, alcançar sua liberdade financeira. Afinal, pessoas livres financeiramente acumularam uma quantidade de ativos suficiente para que seus rendimentos sejam capazes de custear a qualidade de vida desejada. Na prática, ativos podem ser ações e fundos imobiliários. Falarei mais sobre ambos daqui a pouco.

Muitos de nós acreditam que ser rico é poder gastar um milhão. Entretanto, ao gastar um milhão de reais para ostentar comprando um carro de luxo, um indivíduo acaba criando uma fonte de gastos que antes ele não tinha. Afinal, uma Ferrari tem um alto custo de manutenção, consome muita gasolina e tem alto IPVA. Ao adquirirmos um carrão, estamos comprando uma série de novos gastos, que, se não forem muito bem calculados, podem acabar nos fazendo entrar na parcela brasileira dos endividados. Este é o conceito de passivos: tudo aquilo que se deprecia ao longo do tempo enquanto tira dinheiro do nosso bolso durante esse processo.

Se 1 milhão de reais for todo o dinheiro que você acumulou na vida e de repente gastou tudo, você parecerá rico para seus amigos, mas na verdade será mais pobre do que todos eles. Afinal, provavelmente você não tem amigos que precisem arcar com os custos necessários para manter uma Ferrari. Os ricos são pacientes. Eles não usam seu dinheiro para comprar passivos assim que acumulam quantia para isso. Eles compram ativos. Com isso, somente depois que o rendimento dos ativos for capaz de arcar com os custos de manutenção de um passivo, eles passam a acumular o dinheiro para comprar o passivo e por fim realizam a compra.

Os ricos compram ativos, e os ativos compram o luxo.

Mas como isso acontece na vida real?

Por exemplo, vamos supor que você sonhe em comprar um carro Hyundai HB20, que custa 50 mil reais. Considerando todas as despesas, você acredita que a média mensal que gastará para manter o carro é de 1.200 reais.

Portanto, precisamos deduzir quanto dinheiro devemos acumular em ativos para saber quando poderemos comprar esse carro. A conta é simples:

Estimando que optamos por adquirir fundos imobiliários com uma rentabilidade média de 0,6% ao mês, precisamos calcular qual é a quantidade de capital capaz de render 1.200 reais. No caso, esse resultado é obtido a partir da conta:

1.200/0,006 =

200 MIL REAIS

Ou seja, sabemos que precisamos ter pelo menos 200 mil reais investidos em fundos imobiliários com rendimento de 0,6% ao mês para começarmos a acumular o dinheiro referente à compra do carro. Como o carro custa 50 mil, então, para adquirir o HB20, precisamos de:

200 mil + 50 mil =

250 MIL REAIS

Dessa forma, você terá um carro que sonhava em comprar, o que melhorou seu conforto e qualidade de vida, e não precisou contrair dívidas nem cortar gastos de outras atividades que você considera essenciais para a sua vida. Você ficou mais rico. E, neste caso, mesmo quando você quiser vender o carro e deixar de arcar com seus custos mensais, você ainda manterá os ativos gerando renda.

Naturalmente, apesar de o raciocínio ser simples, ele não é intuitivo. Numa busca exacerbada por gratificações instantâneas, muitos brasileiros acabam inclusive gastando o que não têm.

Esse é um dos motivos pelos quais 66,5% dos brasileiros estão endividados[60]. Ao deparar-se com cartões de crédito, muitas pessoas acabam pensando somente no que o limite do cartão é capaz de comprar naquele momento, em vez do que elas vão obrigatoriamente ter que deixar de viver no futuro para pagar as dívidas.

Já parou para pensar? Endividados usam o poder dos juros compostos contra eles, ao invés de ao seu favor.

Como assim?

Os juros de dívida cobrados por bancos tendem a ser maiores do que os juros compostos de qualquer investimento que realizemos. Isso cria uma outra espécie de bola de neve, em que, com o passar do tempo, cada vez mais ficamos escravos das dívidas quando sucumbimos às tentações instantâneas e imediatistas.

Por isso, se você quer começar a investir, antes de mais nada....

PRIMEIRO PASSO: ANTES DE MAIS NADA, QUITE SUAS DÍVIDAS

A primeira coisa que você deve fazer antes de dar qualquer passo no mundo dos investimentos é eliminar suas dívidas. Se você está inadimplente com alguma instituição financeira ou pessoa, quite suas dívidas.

De acordo com o Serasa[61], em 2020, 40% da população adulta brasileira estava inadimplente, ou seja, 63 milhões de brasileiros não tinham condições de pagar suas dívidas. Desses 63 milhões, 52% contraíram dívidas por meio de uma modalidade chamada cheque especial (limite pré-aprovado, LIS ou cheque azul), uma linha de crédito pré-aprovada que o banco disponibiliza desde a abertura de nossa conta-corrente[62].

O uso do cartão de crédito também oferece a facilidade de comprarmos coisas mesmo sem ter dinheiro naquele momento. Mas deixar de pagar a fatura no final do mês pode gerar graves consequências a nosso bolso. As taxas de juros do cartão de crédito no Brasil são as maiores do mundo. Segundo a Associação Nacional dos Executivos de Finanças, Administração e Contabilidade (Anefac), os juros do cartão de crédito no Brasil estão em torno de 11,7% ao mês e 277% ao ano[63].

Por isso os cartões de crédito são o centro da briga de casais, desentendimentos familiares e muitas, muitas dívidas. Mas os problemas associados ao uso do cartão não vêm por causa do cartão em si. Eles decorrem, principalmente, das pessoas que usam o cartão de formas incompatíveis com a sua realidade financeira. E isso, somado aos juros exorbitantes cobrados em parcelamentos e atrasos de pagamentos de faturas, causa catástrofes financeiras na vida de um indivíduo que não sabe utilizá-los.

Mas, ironicamente, em muitos casos o uso do cartão de crédito pode não só facilitar a sua vida, como também te fazer ganhar dinheiro.

QUANDO UTILIZAR O CARTÃO DE CRÉDITO

Quando você tem o dinheiro para pagar à vista

O cartão de crédito não deve ser encarado como um instrumento para pagar o que você não pode ter na situação atual, mas para te dar aquilo que você já pode comprar na situação atual.

O que eu quero dizer com isso?

Que, ao escolher comprar algo, você já deve ter o dinheiro para pagar à vista, mas usa o cartão mesmo assim. Por quê?

Porque o crédito te dá um superpoder: você pode pagar a compra só no vencimento da fatura. Isso te dá a possibilidade de investir o seu dinheiro e deixá-lo rendendo ao longo das semanas até chegar o dia do mês em que você vai precisa pagar a fatura. Então a possibilidade de você esperar para pagar a dívida te dá mais dinheiro.

Por exemplo: você economizou 5 mil reais durante meses para comprar uma televisão bacana. 55 polegadas, 4k, tela OLED, que custa exatamente 5 mil reais. Na sua conta bancária, você tem os seus 5 mil prontinhos para pagar à vista, mas você faz o quê? Compra no crédito.

Porque, se você estiver investindo esse dinheiro a 100% do CDI, ao comprar a TV com o cartão de crédito no dia 1º do mês e a sua fatura for só for no dia 30, esses seus 5 mil vão render até o momento da fatura. Considerando uma taxa Selic de 5% ao ano, você ganhará cerca de 20 reais de rendimento só por esperar chegar a data de vencimento da fatura. Então, por ter usado crédito na compra dessa TV, você ganhou 20 reais.

Mas tem outro caso em que você pode ganhar muito mais dinheiro pagando no cartão, sabe qual?

Quando você tem o dinheiro para pagar à vista e o parcelamento sai sem juros

Vamos supor que o vendedor, em uma tentativa de fechar negócio, fale o seguinte: "Não precisa pagar essa TV à vista, eu faço em até 10 vezes sem juros para você".

Rendimento quando há parcelamento

5 mil | 10x de 500 reais

Pagamento da 1ª parcela

5.000 - 500 + 20

(valor total da TV) – (valor da parcela) + (rendimento)

= 4.520 rendendo

↓

Pagamento da 2ª parcela

4.520 - 500 + 19

(valor total da TV) – (valor da parcela) + (rendimento)

= 4.039 rendendo

↓

Após as 10 parcelas

Selic 5% ano

Valor da economia: 150 reais

Ok, 5 mil em 10 parcelas sem juros é igual a 500 reais por mês. Ou seja, você pode pegar esses 5 mil que você tem hoje e deixar eles rendendo todo dia até o pagamento da primeira parcela.

Se você comprar no dia 1º do mês e a sua fatura vencer só dia 30, o seu dinheiro já renderá pouco mais de 20 reais até o pagamento da fatura. E quando essa fatura chegar, você vai precisar pagar somente 500 reais. Ou seja, você ainda terá 4.520 reais rendendo durante 30 dias do próximo mês. E então chegará a próxima parcela, você pagará mais 500 reais e sobrarão uns 4.039 reais, porque o seu dinheiro rendeu mais um pouquinho, e por aí vai...

No final das 10 parcelas, quando você tiver pagado finalmente os 5.000 reais inteiros, sabe quanto ainda vai ter na sua conta?

Considerando a Selic em 5% ao ano, depois de 10 meses pagando uma TV de 5.000 reais, você vai ter na conta pouco mais de 150 reais. Resumindo: esses 5 mil que você juntou para pagar a TV à vista foram parcelados sem juros; conforme pagava a parcela, você investia o dinheiro que sobrava.

Ah, mas se eu tiver o dinheiro pra pagar à vista e o parcelamento for sem juros, eu sempre tenho que parcelar?

Não. Porque o vendedor pode falar que o valor do produto é sem juros, mas se você pagar à vista tem desconto. Essa é clássica: se há desconto para pagamento à vista, significa que o parcelamento "sem juros" tem juros embutidos. Então não é sem juros coisa nenhuma. Por isso, se tiver desconto à vista, compre à vista.

No entanto, se não tiver desconto à vista e o parcelamento for realmente sem juros, você terá mais benefícios se parcelar na maior quantidade de vezes sem juros possível. Porque, assim, você vai dar muito mais tempo para o seu dinheiro render e sempre vai terminar com mais dinheiro do que se tivesse pagado à vista direto. **Isso, obviamente, se deixar o seu dinheiro rendendo ao invés de gastá-lo**. Se você tiver 5 mil, pagar parcelado em 10 vezes sem juros e ao longo das parcelas for gastando o principal com outras coisas, vai acabar sucumbindo em dívidas e o parcelamento na verdade terá te atrapalhado.

Quando você tem benefícios com programas de pontuação

Outro motivo para usar o cartão de crédito é quando você tem o dinheiro para pagar à vista, mas pode ganhar pontos no cartão.

Sabe aqueles programas de pontuação em que você gasta "X" e depois pode trocar por passagens de avião, hotéis, Netflix, às vezes até corrida de Uber?

Essa é uma das formas em que usar o cartão pode colocar dinheiro no seu bolso.

Mas tem um porém. Alguns desses programas são pagos. Para você não perder dinheiro, somente se cadastre em programas de pontuação pagos quando os seus gastos no mês te dão benefícios em valor maiores que o custo da mensalidade que você paga para manter o seu cadastro no programa.

Por exemplo, se todo mês você paga 10 reais para manter a assinatura e os seus gastos com o cartão te dão mais de 20 reais em benefícios, então vale a pena pagar a assinatura.

Esse é o momento em que percebemos que o cartão de crédito pode muito bem ser usado para tudo. E é sério: se você tem planejamento e disciplina para usar o cartão com base nesses motivos, você poderia usar o cartão para praticamente tudo na vida.

Se pagar à vista no cartão, você vai ter os benefícios do rendimento até o pagamento da fatura do mês; se parcelar sem juros, vai ter o benefício do rendimento em vários meses do ano; e, se ganhar pontos no cartão, você ainda pode tornar os seus gastos que já ia fazer de qualquer jeito em uma série de benefícios.

Mas lembre-se: os juros que você pagará nas dívidas que contrair por descontrole ou falta de planejamento serão garantidamente maiores do que quaisquer juros de investimento que você conseguir obter. Por isso, preste muita atenção no que vou te falar agora: se você tiver dívidas com juros atuando contra você, saia das dívidas antes de começar a investir.

SEGUNDO PASSO: TIRE O DINHEIRO DA POUPANÇA

Para ser brutalmente direto: poupança não é investimento.

"Breno, mas meu dinheiro na poupança rende todo mês. Como não é investimento?"

O raciocínio é simples. Se sabemos que o tesouro Selic, o investimento mais seguro do Brasil, rende mais do que a poupança em todos os casos e circunstâncias, qualquer aplicação de renda fixa que renda abaixo disso não pode ser considerada "investimento".

Não existem situações em que as rentabilidades da poupança ultrapassem as do tesouro Selic. Nunca. Jamais. Mesmo.

Portanto, caso você tenha algum dinheiro aplicado na poupança, você deve enviá-lo para uma corretora de valores, em vez de mantê-lo no banco. Por uma série de motivos:

Gerentes de grandes bancos, como Itaú, Bradesco, Caixa, Santander e Banco do Brasil, têm metas para bater associadas à venda de títulos que são bons para os bancos e prejudiciais para os clientes, como títulos de capitalização, cheque especial, CDBs que rendem menos que 100% do CDI...

Corretoras de valores, por outro lado, disponibilizam um serviço 100% on-line que independe de um gerente. São instituições financeiras que têm convênio com várias outras, dentre elas *fintechs* e bancos pequenos, das quais você pode comprar títulos. Pela diversidade de títulos disponíveis de inúmeras instituições financeiras, as rentabilidades oferecidas em títulos de corretoras também são maiores do que de bancões. Em um grande banco, você só tem acesso aos investimentos do próprio banco.

Corretora de valores

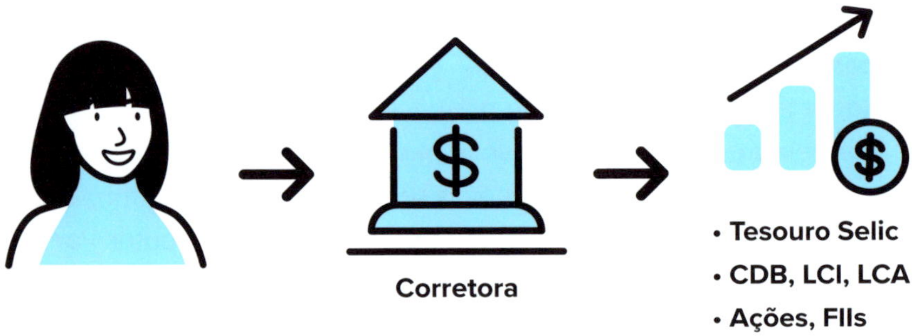

É tudo absolutamente digitalizado. Você não precisa sair de casa para resolver algo sobre seu dinheiro em agências. Você pode fazer tudo pelo celular. E ainda tem a possibilidade de ter acesso a todo o mercado financeiro pelo dispositivo.

TERCEIRO PASSO: CONSTRUA UMA RESERVA DE EMERGÊNCIA

A reserva de emergência serve para apagar o fogo quando algo der errado em sua vida, como ser demitido ou sofrer um acidente. É uma quantidade de dinheiro que você deve ter de prontidão em casos de emergência.

E quanto é que você guarda em sua reserva de emergência?

Entre seis e doze meses de seu custo de vida. Mas atenção: suas reservas não devem corresponder de seis a doze meses do quanto você recebe em um mês, mas de suas despesas mensais (contas de luz, de água, aluguel, despesas com os filhos etc.). Depois de somar tudo, você vai multiplicar por um número entre seis e doze e pronto. Por exemplo, João gasta em média 2 mil reais todo mês; seis a doze vezes disso daria entre 12 mil e 24 mil reais. Esse é o dinheiro que João deveria manter em sua reserva de emergência. Se estiver pouco seguro, ele foca em acumular perto de 24 mil, mas se estiver mais seguro, algo em torno de 12 mil está bom para ele.

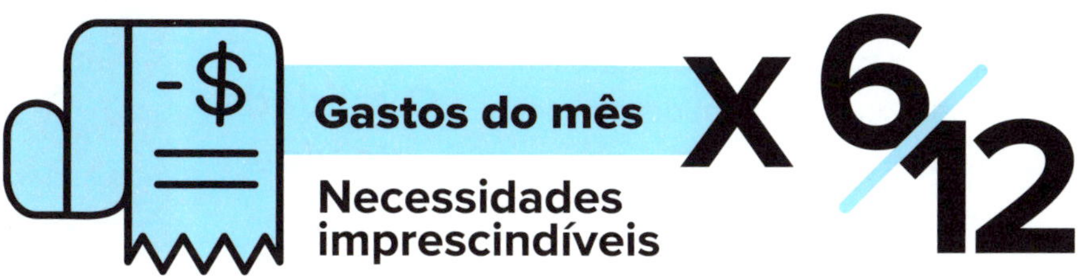

Então, antes de você se preocupar em comprar um carro, uma casa ou construir sua renda passiva, é preciso se precaver de quaisquer imprevistos futuros. Imprevistos são previstos, pois sempre podemos contar que eles vão acontecer – só não sabemos quando.

QUARTO PASSO: PLANEJE-SE FINANCEIRAMENTE

O maior erro das pessoas é pensar que elas podem se dar ao luxo de viver com uma qualidade de vida na mesma proporção da renda que recebem. Só que, se elas gastam tudo aquilo que recebem, então, via de regra, não sobra dinheiro para investir.

Vou te ensinar um método de planejamento financeiro que será muito eficiente para te ajudar a dar um propósito a cada parcela da renda que você recebe todo mês, seja por meio do seu emprego, *freelas*, aluguéis ou quaisquer fontes financeiras que tenha. Vale dizer que você deve ajustar esse método com base em sua realidade de vida, seus gastos e sua renda. Mas foca no conceito: 55% da sua renda mensal deve ser destinado para as suas **necessidades**. Esse dinheiro deve ficar na sua conta-corrente do banco. Pois, no mesmo mês, você já consumirá tudo com seus gastos básicos, como conta de luz, água, aluguel, compras do mercado etc.

E o que você faz com os outros 45%?

Você deve reservar 10% para seu **lazer**. Use para sair com os amigos, dar presentes para sua família, comprar um jogo novo de *videogame*. Absolutamente o que você quiser fazer com eles.

E gaste mesmo. Porque também não é saudável ter aquela mentalidade obsessiva de economizar 99% do que recebe para alcançar a liberdade financeira o mais rápido possível. É preciso aproveitar o processo do enriquecimento. Esse dinheiro também deve ficar em sua conta-corrente.

Reserve mais 10% para sua **educação**. Será o dinheiro que você vai gastar todo mês em livros, seminários, cursos, eventos, consultoria, entre outras coisas que agregam valor a seu negócio ou seus objetivos – tudo o que gera conhecimento e pode contribuir, direta ou indiretamente, para você ter mais renda em sua vida.

Esse dinheiro também ficará em sua conta-corrente, junto com os 10% do lazer e os 55% dos gastos básicos. Com isso, ainda sobram 25%. Este é o momento em que você vai tirar esse dinheiro da poupança e colocar em uma corretora de valores para começar a investir.

QUINTO PASSO: DEFINA OBJETIVOS DE CURTO E MÉDIO PRAZO

Outros 10% devem ir para **objetivos de curto e médio prazo** (para metas a serem alcançados dentro de um a sete anos), como comprar um carro, um imóvel, pagar uma cerimônia de casamento, fazer uma viagem com a família...

Por isso, tenha muito claro quais são os objetivos que você quer conquistar no curto e no médio prazo. E então separe todo mês 10% da sua renda para investir e acumular dinheiro até cumpri-los.

E onde você pode investir essa parte de seu patrimônio?

Você pode investir em renda fixa, que, apesar de ter baixo rendimento, possui uma rentabilidade previsível e tem o propósito de continuamente aumentar ao longo do tempo, ou seja, seu objetivo é trazer segurança para o investidor não perder dinheiro.

Renda fixa x renda variável

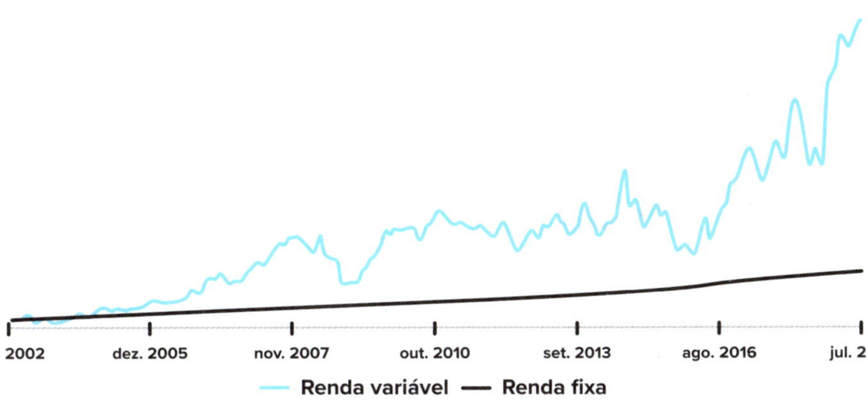

Fonte: BCB e ANDRÉA, Augusto. *Renda Fixa ou Renda Variável: quando devemos ficar posicionados em ações?* Portal do Investimento. Disponível em: https://portaldoinvestimento.com.br/artigos/o-investimento-da-vez/renda-fixa-ou-renda-variavel. acesso em: 26 maio 2021.

A renda fixa é classificada em dois tipos: pública e privada. A renda fixa pública, como vimos no capítulo anterior, inclui os investimentos que compramos para emprestar dinheiro ao governo. Em troca, recebemos o valor, mais os juros, em uma determinada data. Compramos esses investimentos por meio de títulos públicos oferecidos pelo Tesouro Direto, como tesouro Selic, tesouro prefixado e tesouro IPCA+.

Compra de títulos públicos

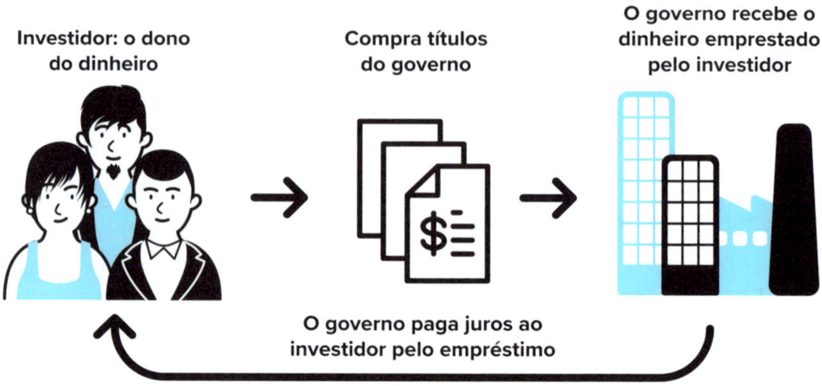

Já na renda fixa privada, os títulos são emitidos principalmente por instituições financeiras privadas e seguem a mesma lógica da renda fixa pública. Compramos esses investimentos por meio de títulos privados como o certificado de depósito bancário (CDB), letra de câmbio (LC), letra de crédito imobiliário (LCI) e letra de crédito do agronegócio (LCA).

Resumindo:

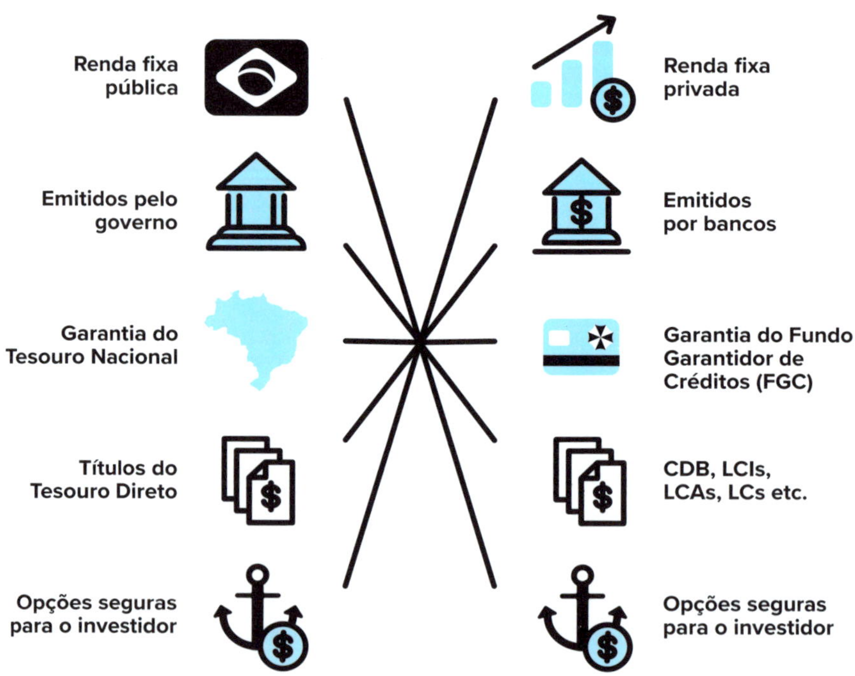

Há, ainda, outras modalidades de investimentos de renda fixa privada de iniciativas que não são bancos; por exemplo, debêntures, que são títulos de dívidas emitidos por empresas.

Os títulos podem ser **prefixados**, ou seja, possuem uma taxa de rentabilidade constante e imutável do início ao fim do investimento; **pós-fixados**, cuja taxa de rentabilidade acompanha a variação de um indexador econômico, como a Selic ou o CDI; ou **híbridos**, em que uma parte tem uma taxa pós-fixada e a outra, prefixada.

Títulos públicos

Antes de voltarmos a falar sobre onde exatamente investir seus 10% para objetivos de curto e médio prazo, vamos falar sobre os títulos públicos, como o tesouro Selic, tesouro prefixado ou tesouro IPCA+. No Tesouro Selic e no tesouro IPCA+, o dinheiro rende de acordo com a variação da taxa Selic e da inflação[64], respectivamente; já no tesouro prefixado existe uma taxa fixa, ou seja, a rentabilidade é a mesma anualmente do início ao vencimento do título.

Cada título tem uma data de vencimento, que é quando você pode retirar seu dinheiro com a garantia de que rendeu como previsto:

Tesouro Selic 2024	**Rentabilidade: Selic + 0,2416%** **Vencimento: 01/09/2024** **Valor mínimo: 107,45**	**Investir**
Tesouro prefixado 2024	**Rentabilidade: 7,75%** **Vencimento: 01/07/2024** **Valor mínimo: 31,58**	**Investir**
Tesouro IPCA+ 2026	**Rentabilidade: IPCA + 3,38%** **Vencimento: 15/08/2026** **Valor mínimo: 59,04**	**Investir**

Fonte: TESOURO DIRETO, Confira a rentabilidade de cada título. Disponível em: https://www.tesourodireto.com.br/titulos/precos-e-taxas.htm. Acesso em: 27 abr. 2021.

Essa é uma das vantagens do tesouro Selic: seu dinheiro rende todo dia útil. Não é como a poupança, que rende apenas uma vez ao mês. Na poupança, se você investir hoje e quiser tirar daqui a 29 dias, a quantidade de dinheiro sacada será exatamente a mesma, sem reajuste de inflação, sem juros, sem nada.

"Breno, gostei do tesouro Selic, mas e se o governo não pagar? Ele é tão corrupto..."

A Emenda Constitucional 31/2001, no artigo 62, afirma que não é possível deter ou sequestrar bens de qualquer ativo financeiro. Caso algum governo queira fazer isso, a medida precisaria ser aprovada pelo Congresso Nacional. Mas imediatamente isso sairia em todos os noticiários. Dessa forma, as pessoas ainda teriam tempo para tirar o dinheiro. Além disso, a probabilidade de você não receber seu dinheiro de volta é a mesma de o governo falir, ou seja, bem improvável.

Características dos títulos públicos

Categoria	Título	Rendimento	Remuneração
Prefixado	Tesouro prefixado (LTN)	Taxa fixa preestabelecida	Após o vencimento ou no ato do resgate
Pós-fixado	Tesouro Selic (LFT)	Taxa Selic	Após o vencimento ou no ato do resgate
Híbrido	Tesouro IPCA+ (NTN-B Principal)	Inflação + taxa predefinida	Após o vencimento ou no ato do resgate

RENDA FIXA PRIVADA

Enquanto na renda fixa pública você empresta dinheiro ao governo, na renda fixa privada você empresta seu dinheiro a uma instituição privada. Enquanto o principal componente pós-fixado dos títulos públicos é a variação da taxa Selic, na renda fixa privada esse componente é principalmente o certificado de depósito interbancário (CDI).

O CDI é uma taxa formada por meio de negociações de empréstimos entre bancos em um espaço de tempo muito curto, de apenas um dia. E esses juros são definidos pela taxa CDI. Apesar de também acompanhar a variação da taxa Selic, o CDI sempre rende um pouco abaixo, algo em torno de 99% da Selic.

Características dos investimentos em renda fixa privada

	CDB	LC	LCI e LCA	Debêntures
Resumo	Você empresta seu dinheiro para o banco por determinado período em troca de uma remuneração definida no momento da aplicação	Semelhantes a um CDB, porém são emitidos exclusivamente pelas Sociedades de Crédito e Financiamento	São emitidos pelos bancos e necessitam de uma garantia para serem emitidos	São instrumentos financeiros que possibilitam uma espécie de empréstimo para empresas de capital aberto que não sejam instituições financeiras
FGC	Possui garantia do FGC	Possui garantia do FGC	Possui garantia do FGC	Não possui garantia do FGC
Impostos	Imposto de renda sobre rentabilidade do período de acordo com a tabela regressiva	Imposto de renda sobre rentabilidade do período de acordo com a tabela regressiva	Não há incidência de imposto de renda sobre a rentabilidade do período	Debêntures incentivadas ou debêntures de infraestrutura não possuem imposto de renda
Rentabilidade	• Prefixada • Pós-fixada • Híbrida	• Prefixada • Pós-fixada • Híbrida	• Prefixada • Pós-fixada • Híbrida	• Prefixada • Pós-fixada • Híbrida

Retomando: aqueles 10% dos seus objetivos de curto e médio prazo devem ser investidos em títulos de renda fixa pública que sejam garantidos pelo Tesouro Nacional, como tesouro IPCA+ e tesouro prefixado, ou títulos de renda fixa privada garantidos pelo Fundo Garantidor de Créditos, como CDBs, LCs, LCIs e LCAs. Busque por títulos que tenham liquidez no vencimento, já que normalmente eles possuem um prêmio sobre a rentabilidade se comparados a títulos com liquidez diária. O Tesouro Nacional e o FGC te dão a segurança de que você não vai perder esse dinheiro. Afinal, imagine quão frustrante seria se você tivesse economizado por anos e, por falta de conhecimento, investido o dinheiro dos objetivos de curto e médio prazo na bolsa de valores, e por isso acabou perdendo 50% do seu patrimônio por conta de uma crise que prejudicou a renda variável. Isso o faria retroceder em anos o tempo que levaria até que você finalmente pudesse realizar seus objetivos de curto e médio prazo.

Infelizmente foi isso que aconteceu com milhares de brasileiros durante a pandemia do coronavírus, no começo do ano 2020. Antes da crise, a bolsa estava em uma ascendente absolutamente otimista, e investidores iniciantes, na busca por altas rentabilidades, acabaram se expondo à renda variável numa proporção maior do que poderiam e acabaram perdendo dinheiro.

Índice geral durante a crise provocada pela COVID-19

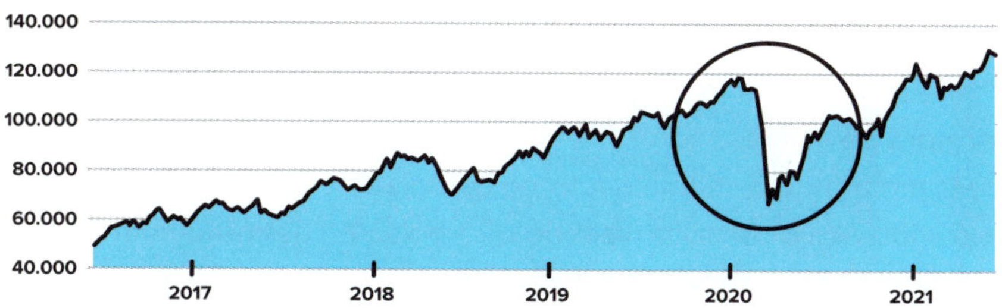

Fonte: BOVA11, Ishares Ibovespa Fundo de Índice. *Google Finanças*. Disponível em: https://www.google.com/finance/quote/BOVA11:BVMF?sa=X&ved=2ahUKEwiAjfnZgqnxAhXqrpUCHXPNBbEQ_AUoAXoECAEQAw&window=5Y. Acesso em: 21 jun. 2021.

SEXTO PASSO: CONSTRUA SUA RENDA PASSIVA

Até aqui já temos:

- **55% de sua renda mensal são para gastos básicos**
- **10% para lazer**
- **10% para educação**
- **10% para objetivos de curto e médio prazo**

Mas e os 15% que sobraram?

É nesse momento que nossos olhos de investidor brilham. Esses 15% serão para sua liberdade financeira. Quando você vai usar esse dinheiro? Nunca. Esse é o dinheiro para formar sua renda passiva, ou seja, uma quantia de dinheiro investida cujos rendimentos complementam sua renda do trabalho. Quando seu patrimônio investido lhe gera renda passiva maior que seu custo de vida, você pode largar seu emprego e viver dessa renda passiva. Investidores que chegaram a esse ponto alcançaram sua liberdade financeira. Afinal, não precisam mais trabalhar para ganhar dinheiro, pois o dinheiro já está trabalhando por eles.

Mas, até lá, você não deve encostar nesse dinheiro. Os rendimentos que os investimentos dessa renda passiva te trarão no meio do caminho devem, religiosamente, ser reinvestidos nas aplicações.

E quais são essas aplicações?

Você fará investimentos que são arriscados no curto prazo, mas também são as fontes mais eficientes de geração de renda e multiplicação de patrimônio no longo prazo: ativos. Eles têm o potencial de se valorizar e de colocar dinheiro em seu bolso ao longo desse processo. Alguns exemplos de ativos são ações e fundos imobiliários. Ambos os investimentos são negociados por meio do *homebroker* de sua corretora de valores.

Há um grande estigma em torno da bolsa de valores. Você já deve ter ouvido algum familiar dizendo que bolsa é cassino ou um tipo de jogo de azar. Esse não é um pensamento incomum. Inclusive já conheci empreendedores bastante esclarecidos que cultivavam essa crença, achando que, para ela funcionar, um deveria ganhar e outro, perder. Mas este é um equívoco comum resultante da falta de conhecimento.

Quando falamos de longo prazo, de dez anos para cima, **arriscado é não investir na bolsa**. A preocupação não deve ser se vamos perder dinheiro da noite para o dia ou se vamos enriquecer em um piscar de olhos. Nosso propósito aqui é para o longo prazo.

Investir na bolsa de valores para o longo prazo é a maneira mais eficiente de multiplicar seu capital com segurança e, principalmente, garantir uma fonte de renda passiva capaz de gerar liberdade financeira.

Ações

Ações são pedaços de uma empresa. Ao adquirir ações, você se torna um sócio dessa empresa. Ao tornar-se um sócio, você ganha direito aos benefícios que um sócio costuma ter, como direito à distribuição de lucros do negócio. Essa distribuição de lucros para os acionistas é chamada de dividendos. Isso quer dizer que, ao comprar ações de uma empresa, toda vez que ela distribuir seus lucros para os acionistas, você receberá dividendos proporcionais à quantidade de ações que adquiriu.

O que acontece quando você investe em ações?

Fundos imobiliários

Tenho certeza de que alguém da sua família já falou que imóveis são o melhor investimento que você pode fazer. Afinal, eles valorizam ao longo do tempo e te dão uma renda mensal quando você aluga para outra pessoa.

Mas existe outra modalidade de investimentos que pode te dar mais retorno, demanda um valor baixíssimo para começar a investir e dá muito menos dor de cabeça. Os fundos imobiliários (ou FIIs) são imóveis de verdade, dos quais você pode ser dono junto a várias outras pessoas. É como se um imóvel fosse dividido em várias partes e você pudesse comprar ou vender cada uma delas. Essas partes são chamadas de cotas.

Quando você decide investir em um fundo imobiliário, você se torna um dos cotistas e todo mês recebe uma renda dos aluguéis dos inquilinos, como se tivesse comprado um imóvel e colocado para alugar. Só que o valor mínimo para investir é o equivalente a uma cota.

Como funcionam os fundos imobiliários?

Fundos imobiliários (chamados de FIIs) detêm e operam ativos relacionados ao setor imobiliário. Geralmente possuem imóveis como lajes comerciais, shopping centers, galpões industriais e universidades. Investidores podem adquirir cotas de FIIs por negociação em bolsa, assim como comprar ações de uma empresa.

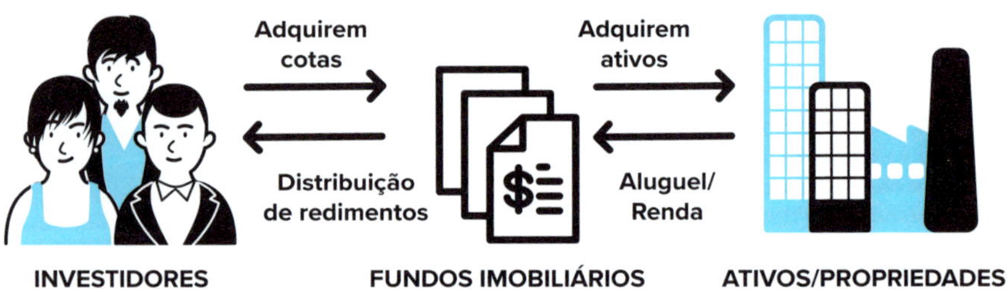

Embora FIIs sejam negociados na bolsa de valores, eles não são ações, mas sim investimentos de renda variável. Então, comprando ou vendendo cotas de um fundo você vai estar sujeito ao valor de oferta e demanda do mercado. Esse valor varia ao longo do dia, mas é normal, não interfere em nada no valor do aluguel que você vai receber.

Existem várias vantagens para investir em fundos imobiliários em vez de comprar imóveis para alugar. Vamos lá:

A. A barreira financeira para adquirir um imóvel físico pode ser de centenas de milhares de reais, enquanto para se tornar cotista de um fundo imobiliário basta comprar uma cota. Cada cota de um FII normalmente custa entre 80 e 400 reais.

B. Para comprar um imóvel você pode levar seis meses ou mais. Como fundos são negociados na bolsa e a todo momento várias pessoas compram e vendem cotas, você pode comprar com apenas um clique, sem burocracia nem dor de cabeça.

C. Não é necessário pagar IR sobre os rendimentos dos FII's.

D. No caso de um imóvel físico, existe o risco do não recebimento do aluguel em caso de inadimplência do inquilino. Já em fundos imobiliários, como existem vários inquilinos, o risco de você deixar de receber renda é muito baixo.

CONCLUSÃO

Então, vamos recapitular:

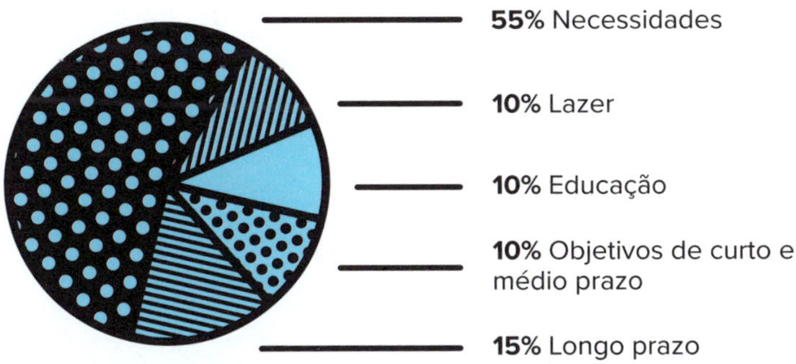

Renda fixa	Renda variável
Retorno previsível e linear	Retorno imprevisível
Linear	Não linear
Baixo risco	Alto risco
Menor potencial de retorno no longo prazo	Maior potencial de retorno no longo prazo
Há casos de garantia do FGC ou do Tesouro Nacional	Ações, FIIs, Cripto
CDBs, LCs, CCI, LCA	ETFs, STOCKs, REITs
Menor risco no curto prazo	Maior risco no curto prazo
Retorno medido pelo CDI	Retorno medido pelo Ibovespa
Positivamente influenciada pela Selic	Negativamente influenciada pela Selic

Comparativos de investimentos

	Poupança	CDB	Tesouro Nacional	LCI/LCA	Debênture	Ações	FII
Tipo	Renda fixa	Renda fixa	Renda fixa	Renda fixa	Renda fixa	Renda variável	Renda variável
Quem garante	FGC	FGC	Governo	FGC	Empresa	—	—
Risco	Baixo	Baixo	Baixo	Baixo	Médio	Alto	Alto

Lembrando que as porcentagens que estabeleci para objetivos de vida não são uma regra absoluta. O importante é você entender o conceito e alterar os valores de acordo com sua realidade.

Mas uma coisa é certa: quanto mais você investe para o longo prazo, mais rápido ele chegará. Se você gastar grande parte de sua renda em gratificações instantâneas, como comprar roupa, sair com os amigos, beber, você levará muito mais tempo para atingir sua independência financeira. Não significa que você não possa fazer essas coisas. Só quer dizer que você não deve estourar seu limite de gastos associados a lazer.

Eu, particularmente, não invisto em objetivos de curto e médio prazo. Eu não tenho vontade de comprar um carro, uma casa, de fazer alguma viagem – pelo menos não no curto prazo. Nada que eu precise de fato tirar da minha renda para investir todo mês até eu conseguir cumprir esses objetivos. Porque eu sei que, ao abrir mão dessas coisas agora, meu futuro será muito mais abundante.

E não pense que sou infeliz abrindo mão disso. Pelo contrário. Eu saio com minha namorada e faço coisas que são legais e prazerosas no curto prazo. Mas, por outro lado, o foco sempre é preservar e acumular patrimônio pensando no futuro.

Então não tem por que eu querer antecipar caros sonhos de curto e médio prazo que sei que, com disciplina, eu vou conseguir realizar. Acredito que essa seja uma mentalidade que você pode levar para sua vida também.

Chegará um ponto lá na frente em que vou querer colher todos os frutos que plantei por muito tempo. E é por isso que preciso de renda passiva para conseguir manter minha qualidade de vida.

CAPÍTULO 9

O ENSINO NÃO TE ENSINOU A FICAR RICO

É POSSÍVEL ENRIQUECER antes dos trinta anos investindo?

Sempre é possível enriquecer em qualquer período de tempo. Entretanto, quanto mais tempo temos para isso, mais provável é.

A matemática é simples. Enriquecer depende de três fatores:

- **Rentabilidade**
- **Tamanho do aporte mensal**
- **Tempo investido**

Por exemplo, se você investir 100 reais por mês a uma rentabilidade de 12% ao ano, isso te dará, depois de trinta anos, um patrimônio de 309 mil reais. Considerando o investimento desse dinheiro em fundos imobiliários, que rendem 0,5% ao mês, a renda passiva desse montante seria de pouco mais de 1,5 mil reais por mês. Nenhuma renda de rico. Agora, se você investir 5 mil reais por mês, isso te dará, depois de trinta anos, mais de 15,5 milhões de reais. A renda passiva de 15,5 milhões é algo em torno de 77 mil reais por mês.

Esse foi um exemplo sobre como o tamanho do aporte pode fazer diferença no acúmulo de patrimônio. Mas repare na relevância que rentabilidade e tempo também fazem no acúmulo de patrimônio:

Simulações do efeito dos juros compostos

Investindo 500 reais por mês	10 anos	20 anos	30 anos
10% a.a	R$ 101.409,60	R$ 363.950,13	R$ 1.047.012,27
15% a.a	R$ 131.865,62	R$ 662.373,36	R$ 2.804.779,10
20% a.a	R$ 172.530,63	R$ 1.236.507,35	R$ 7.817.000,86

Investindo 100 reais por mês

Em fundos imobiliários, que rendem 0,5% ao mês, a renda passiva desse montante seria de pouco mais de 1.500 reais por mês.

Com uma rentabilidade de 12% ao ano, terá um patrimônio de 309 mil reais.

Após trinta anos

Investindo 5 mil por mês

Em fundos imobiliários, que rendem 0,5% ao mês, a renda passiva desse montante seria algo em torno de 77 mil reais por mês.

Com uma rentabilidade de 12% ao ano, terá um patrimônio de mais de 15,5 milhões de reais.

Após trinta anos

Se eu objetivo é ganhar mais dinheiro para aumentar seus aportes e atingir a liberdade financeira cedo, a forma mais eficiente de fazer isso é por meio de um negócio próprio. Investir enriquece no longo prazo. Empreender enriquece no médio prazo.

Percebe a diferença?

Enriquecer enquanto somos jovens – por exemplo, ganhar 1 milhão de reais depois de dois anos vendendo 20% do seu negócio – é possível apenas por meio do empreendedorismo. Negócios próprios são o maior veículo de geração de riqueza que existe. Lembra?

Por isso você dificilmente conhecerá um jovem rico que conquistou sua fortuna investindo, mas conhecerá alguns que enriqueceram empreendendo.

E posso te contar uma coisa? Nem sempre aprovei o empreendedorismo.

Quando saí da escola, minha mentalidade era: tributar ao máximo os ricos, eliminar o direito à propriedade privada e distribuir tudo para os pobres e explorados pela classe dominante e opressora. Esse pensamento teve muita influência dos professores, que me ensinaram que a pobreza existia por conta dos ricos exploradores da classe baixa e detentores dos meios de produção.

Mas na minha escola, assim como em muitas outras, não existia debate. O discurso do professor era unilateral, então acabávamos ouvindo apenas um ponto de vista. Eu não me lembro de ter tido contato com o outro lado da moeda. E, como eles eram figuras de autoridade e detentores do conhecimento, o pensamento que eu tinha era de que eu não precisava de outra perspectiva. Afinal, a meu ver, eles eram os donos da verdade.

Eu não criticava nem mesmo questionava, eu apenas assumia que aqueles discursos eram as verdades absolutas. Tudo porque vinham de pessoas que eu admirava. Hoje, obviamente, eu discordo dos meus queridos professores da escola, por mais didáticos e inteligentes que eles fossem.

Na nossa sociedade, falar sobre dinheiro ainda é um grande tabu. As pessoas acreditam que ficar rico é errado e perigoso e que isso só acontece à custa da exploração de alguém. Pior ainda se for bilionário. Afinal, como pode existir alguém que tem, aparentemente, tamanha quantidade de dinheiro que jamais poderá gastar no seu tempo de vida enquanto há milhões de pessoas vivendo na miséria?

No livro *Sapiens: uma breve história da humanidade*, o professor de história e autor israelense Yuval Harari explica exatamente a origem desse pensamento. Com a formação das cidades-estados e o surgimento do mercantilismo no século XV – como pontuamos anteriormente –, a grande preocupação era manter a balança comercial favorável: a quantidade de exportações deveria ser maior do que a quantidade de importações. Afinal, mais dinheiro entrando do que saindo garantiria o bem-estar da população daquele local.

Nessa época, o dinheiro só era capaz de representar coisas que já existiam no presente. Por exemplo, se você não tinha condições financeiras de construir uma loja, não ia conseguir de outra forma. Empréstimos não existiam, pois a quantidade de riqueza disponível era limitada. Por isso, imaginar que no futuro seu reino seria maior e mais rico era um pensamento ganancioso, porque isso vinha em detrimento da riqueza do outro.

Uma sapataria, por exemplo, poderia ganhar mais dinheiro, mas somente em detrimento dos ganhos da sapataria da frente. A economia daquela época de fato era um jogo de soma zero: para você ganhar, obrigatoriamente alguém precisava perder.

Crescimento do PIB global ao longo dos milênios e do ano 1 a 1820

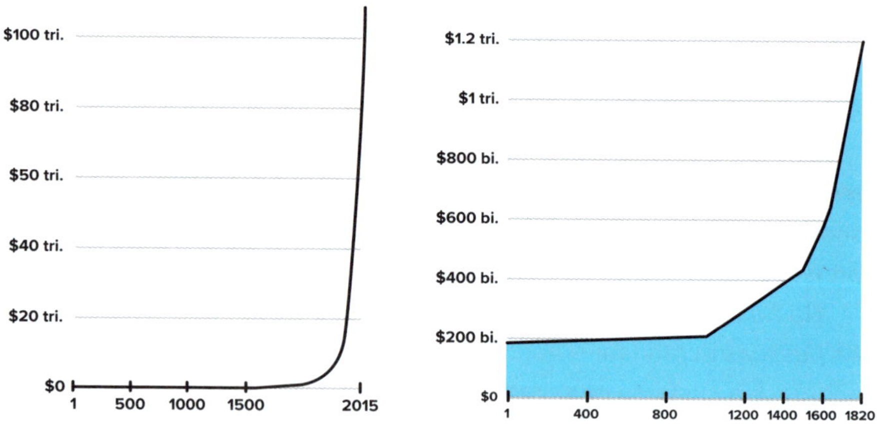

Fonte: ROSER, Max. Economic Growth. *Our World in Data*. Disponível em: https://ourworldindata.org/economic-growth. Acesso em: 26 jan. 2021.

Esses gráficos mostram a evolução do PIB mundial ao longo do tempo. O PIB se manteve estático durante a maior parte da história dos últimos 2 mil anos. Só começou a crescer exponencialmente depois do surgimento do crédito, ainda no século XVI, com o aparecimento dos bancos modernos. Crédito nada mais é do que a crença de que o futuro será melhor do que o presente.

Mas como assim? Vou te dar um exemplo:

Imagine que o Banco Grana acabou de ser fundado em São Paulo. Roberto, um empreiteiro da cidade, finaliza sua primeira obra e recebe o pagamento de 1 milhão de reais pelo seu trabalho. Roberto, então, deposita esse dinheiro no Banco Grana, o que faz com que o banco agora tenha 1 milhão de reais em capital.

Enquanto isso, Rita, uma chefe de cozinha experiente, mas sem dinheiro, encontra uma oportunidade de negócios e decide que vai montar um restaurante em seu bairro, também em São Paulo. Então, ela vai até o Banco Grana, apresenta o plano de negócios e consegue convencer seu gerente de que seu restaurante é um investimento promissor. O Banco Grana, então, concede a Rita um empréstimo de 1 milhão.

Por acaso, Rita contrata Roberto, o empreiteiro, para construir e equipar seu restaurante. O preço que ele cobra é de 1 milhão de reais. Quando Rita paga, Roberto pega esse milhão e deposita mais uma vez em sua conta, no Banco Grana.

Com isso, quanto dinheiro Roberto tem em sua conta?

Dois milhões.

Mas quanto dinheiro em espécie há dentro dos cofres do banco?

Exato, 1 milhão. Mas ainda não acabou.

Como acontece de vez em quando, Roberto informa a Rita que haverá alguns gastos inesperados com a construção do restaurante e que o valor total da obra, na verdade, será de 2 milhões de reais. Então, Rita volta ao Banco Grana e pega outro empréstimo no valor de 1 milhão. Ela, então, transfere esse dinheiro para a conta de Roberto, que agora mostra o saldo de 3 milhões de reais.

Novamente pergunto: quanto dinheiro em espécie há dentro dos cofres do banco?

Um milhão de reais – o mesmo milhão que Roberto havia colocado no início.

Esse ciclo pode se repetir várias e várias vezes. Bancos emprestam dinheiro que eles não necessariamente têm, de fato, em seus cofres. Ou seja, se todos os correntistas do Itaú, por exemplo, decidirem sacar seu dinheiro ao mesmo tempo, o banco vai quebrar.

Mas voltemos ao exemplo.

Depois de dois anos, Rita conseguiu abrir um negócio que gera consistentemente 3 milhões de reais por ano. Ela expandiu para outras cinco localizações e emprega mais de cem pessoas. Além disso, conseguiu pagar os 2 milhões que pegou do Banco Grana, mais os juros. Agora, Roberto pode sacar toda a sua quantia de dinheiro caso ele queira.

Isso significa que, agora, o banco terá ainda mais dinheiro para conseguir emprestar a mais pessoas e, assim, movimentar mais a economia, gerando mais riqueza. A riqueza foi criada simplesmente pela crença que o banco teve em Rita de que ela seria capaz de empreender o dinheiro para que o futuro fosse melhor que o presente. E isso permitiu a criação de um empreendimento que, há seiscentos anos, não seria possível.

Crédito criou riqueza, oportunidades, emprego e liquidez. E o bolo cresceu para todo mundo. O discurso de que a riqueza do 1% mais rico é resultado da exploração de 99% dos mais pobres parte do princípio de que nossa economia é estática, imutável, como se fizesse parte de um único bolo econômico do qual todos nós deveríamos desesperadamente correr para pegar as nossas migalhas. Mas não é assim.

A partir do momento em que o crédito passou a ser um agente de crescimento econômico, dizer que os ricos são ruins perdeu completamente o sentido, já que só podem conceder crédito àqueles que, em primeiro lugar, já têm dinheiro. Os ricos são responsáveis pelos maiores investimentos tecnológicos, pela expansão da fronteira do conhecimento humano, pelo emprego de centenas de milhares de pessoas e por doações que visam ajudar aqueles que não têm condições de ajudar a si mesmos.

A riqueza também pode ser criada a partir da inserção de novos recursos e insumos no ecossistema econômico. Pense em como os *smartphones*, computadores, serviços de *streaming* como o YouTube ou a Netflix facilitam nossa vida. A quantidade de dinheiro é diretamente proporcional ao valor que produtos e serviços novos agregam à sociedade. A riqueza é criada a partir do momento em que pessoas são beneficiadas pela adição desses novos recursos ao ecossistema. Ou seja, inovação e empreendedorismo aumentam o bolo econômico e permitem que todo ecossistema possa desfrutar disso.

Você sabe quantos funcionários há na AB InBev? Duzentos e oitenta mil. Se a AB InBev não existisse, seriam 280 mil famílias que, hoje, talvez não tivessem renda.

Quando olhamos para a fortuna bilionária de Jorge Paulo Lemann, pensamos que esse dinheiro está parado em sua conta, como se fosse o cofre do Tio Patinhas. Porém, sua fortuna não é em dinheiro físico, muito menos o que ele vê no saldo da sua conta do banco. A fortuna é o patrimônio acumulado em ações, em partes das empresas das quais esses bilionários ajudaram a fundar ou que investiram ao longo do tempo.

Isso significa que, toda vez que surge uma notícia de que as ações da Ambev dispararam, que Lemann ganhou mais 2 bilhões de reais, todos os 280 mil funcionários da empresa também ganharam com isso. Então, se Lemann ficar mais rico, todas essas pessoas também ficarão. E você já aprendeu que qualquer um pode investir em ações.

Se bilionários existem, é porque eles proporcionam muito mais valor para a sociedade do que o dinheiro que eles detêm. Eles geraram empregos, produtos e serviços inovadores que facilitam a nossa vida, fazendo a economia se movimentar e favorecendo toda a população.

Imagine se esses empreendedores soubessem que jamais poderiam enriquecer porque existiria um governo centralizador que tributaria qualquer ganho a mais que tivessem a partir de determinado patamar? Provavelmente eles jamais teriam sequer começado a empreender, e todos nós ainda estaríamos vivendo com a mesma qualidade de vida de séculos atrás. Sem iPhones, sem buscador do Google e sem *delivery* em um dia útil da Amazon.

Se tiramos o direito de bilionários existirem, estaremos ferindo o direito à propriedade privada. Se isso acontecer, essas pessoas simplesmente sairão do Brasil e, assim, gastarão sua fortuna investindo em negócios e gerando empregos em outro país que respeite a propriedade privada.

Bilionários só são bilionários porque agregaram valor ao mundo. O patrimônio que acumularam é a consequência da quantidade de problemas que eles resolveram para a sociedade. Ou seja, a qualidade de vida de toda a sociedade acaba sendo diretamente influenciada pela liberalização econômica.

Não é porque o bolo é desigual que os ricos ficam mais ricos em detrimento dos pobres. Ninguém nunca sofreu gravemente porque estava andando de HB20 enquanto outro estava andando de Ferrari. A causa dos problemas do Brasil não é desigualdade social, mas a pobreza extrema, a miséria.

A iniciativa privada é o melhor redutor de desigualdades que existe. Se o governo elimina a burocracia para o surgimento de veículos geradores de riqueza (como empresas), então todos ficam mais ricos, porque agora há mais valor na economia sendo distribuído na forma de novos empregos. Veja bem: se uma pessoa se torna funcionária em uma nova empresa, talvez ela precise contratar uma empregada doméstica para manter a casa em sua ausência. Agora que a empregada doméstica conseguiu renda, ela pode deixar o filho ir para escola estudar em vez de pedir que ele trabalhe para auxiliar na renda de casa. Se o filho agora pode estudar, ele ganha chances de passar em um vestibular, fazer faculdade, conseguir um emprego e subir de vida. Tudo por causa daquele empresário rico que criou empregos em um primeiro momento. Empreendedorismo é o maior redutor de desigualdades que existe.

Só para você ter uma ideia, de acordo com o gráfico do *Our World in Data,* a pobreza de agora está nos menores níveis da história. Uma pessoa de classe baixa hoje é mais rica do que um rei do século XV. Hoje em dia, mais pessoas têm acesso à tecnologia barata, ao sistema de saúde, ao saneamento básico, à alimentação, à educação, entre outros recursos básicos para a sobrevivência que a maior parte dos seres humanos jamais teve na história.

Assim como os títulos públicos, os títulos privados podem ser prefixados, ou seja, com rentabilidade absolutamente previsível; pós-fixados, indexados a algum índice; ou híbridos, com um componente pós-fixado e prefixado.

Por exemplo, CDBs, LCs, LCIs e LCAs com liquidez no vencimento[65] são muito vantajosos. Apesar de serem títulos de renda fixa, esses títulos com liquidez no vencimento podem render significantemente mais que 100% do CDI ou que o tesouro Selic. É comum encontrar títulos de renda fixa privada que rendem 130% ou 140% do CDI.

O interessante desses quatro títulos privados é que todos têm uma garantia do Fundo Garantidor de Créditos (FGC). Caso a instituição emissora do título da qual você o comprou vá à falência, você será ressarcido pelo FGC em até 250 mil reais por instituição financeira emissora do título. Imagine que você tivesse investido 250 mil em títulos de quatro instituições financeiras. Se todas elas quebrarem, você poderá receber integralmente seu 1 milhão de reais.

Mas vamos combinar que a "quebra" de uma instituição emissora é uma situação extremamente improvável. Até porque a maior parte das corretoras de valores não disponibiliza títulos cujas instituições emissoras tenham alto risco de ir à falência.

População mundial que vive em extrema pobreza em %

Extrema pobreza é definida como viver com menos de 1,90 dólares internacionais por dia.

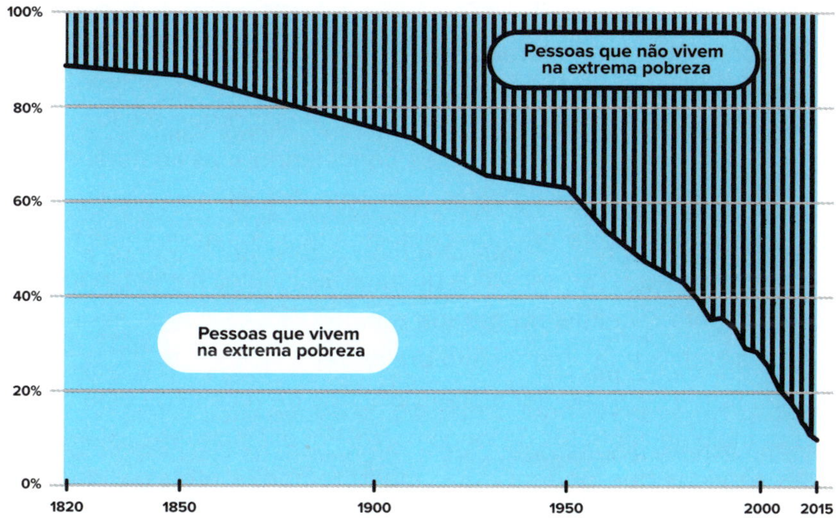

Fonte: ROSER, Max e ORTIZ-OSPINA, Esteban. Global Extreme Poverty. *Our World in Data*. Disponível em: https://ourworldindata.org/extreme-poverty. Acesso em: 26 jan. 2021.

Sim, a pobreza continua sendo um grande problema. Mas, se o governo continuar intervindo no livre mercado e na iniciativa privada com suas medidas centralizadoras, menos riqueza será criada e mais difícil será combater a pobreza. A intervenção econômica faz com que todos fiquem mais pobres.

Mas, afinal, como ficar rico?

A forma mais eficiente de enriquecer é criando *equity*: o valor financeiro sobre a participação societária que você tem em uma empresa. *Equity* é construído por meio da confluência de alguns fatores:

- ☑ **Previsibilidade de receita da empresa**
- ☑ **Descentralização financeira e operacional**
- ☑ **Sistematização de processos**

Vamos por partes.

PREVISIBILIDADE DE RECEITA

Uma receita previsível é uma quantia financeira que ainda não entrou no negócio, mas que possui alta probabilidade de entrar em um momento esperado no futuro.

Por exemplo: se a Netflix possui 200 milhões de assinantes com um tíquete médio de 10 reais por mês por cliente, então é esperado que ela vá faturar 2 bilhões de reais mensalmente. No entanto, a quantidade total de assinantes em geral cresce mês a mês, porque a cada dia há mais clientes entrando que clientes cancelando a assinatura. Nesse caso, com base no histórico de crescimento dos últimos meses, é possível projetar com certo grau de confiança quantos assinantes haverá nos próximos meses. Se sabemos quantos assinantes haverá, podemos deduzir quanta receita será gerada a partir desses novos assinantes. Ou seja, a Netflix tem uma receita previsível.

Outra forma de aumentar a previsibilidade de receita de uma empresa é por meio de contratos de longo prazo. Por exemplo, se sua empresa presta serviços que podem durar muito tempo, a previsibilidade de receita pode ser gerada com a assinatura de contratos com os clientes de forma que eles fiquem por um prazo mínimo pagando pelo serviço. Um exemplo claro são as empresas de *coworking* que assinam contratos de 6 meses a 2 anos de locação com seus inquilinos. Ao terem a assinatura de um contrato com o cliente, há uma boa probabilidade de que a receita prevista durante o período de vigência do contrato se concretize. Afinal, normalmente ao rescindir o contrato antes do prazo, os clientes pagam uma multa, o que na maioria das vezes não é interessante para eles.

Um negócio com alta previsibilidade de receita pode ser valorado com facilidade. Assim, fundos de investimento ou outras empresas maiores podem fazer ofertas de compra de ações do seu negócio com base nas suas expectativas futuras de geração de resultado.

DESCENTRALIZAÇÃO FINANCEIRA E OPERACIONAL

Uma empresa jamais deve depender de uma pessoa ou de um produto específico.

Se a receita de uma empresa estiver dependente da competência de técnica ou imagem de uma só pessoa/produto, o risco do negócio acaba sendo muito alto. Afinal, e se essa pessoa indispensável sofrer um acidente e ficar incapacitada por 6 meses? E se o produto ficar obsoleto?

Para que possamos formar *equity*, nossa empresa deve manter suas operações rodando e gerando receita, independentemente de imprevistos. Ninguém pode ser indispensável para o negócio. Nem você. Se você tem um negócio e sabe que não pode deixar de atuar nele sem que ele morra no processo, delegue. Capacite outras pessoas para fazer o que você faz. Quando se permite delegar, você cria a possibilidade de que surjam pessoas melhores que você. Talvez não aconteça da noite para o dia, mas, ao deixar a criatividade e o talento dos colaboradores correrem soltos, certamente se surpreenderá com o que eles trarão de novo e diferente no futuro.

SISTEMATIZAÇÃO DE PROCESSOS

Um sistema é um conjunto de processos rodando repetidamente que geram resultados previsíveis. *Inputs* que entram em um sistema tornam-se *outputs* de maior valor agregado. Por exemplo: qual é o sistema rodando por trás da postagem dos vídeos do canal *Jovens de Negócios* no YouTube?

- ☑ **Definição do tema**
- ☑ **Roteirização**
- ☑ **Gravação toda terça, quinta e sexta**
- ☑ **Envio do arquivo para a equipe de audiovisual**

- **Realização de cortes**
- **Inserção de *letterings* e imagens**
- **Criação de animações**
- **Revisão**
- **Renderização (produto final de um processamento digital)**
- **Upload no YouTube**
- **Planejamento de SEO[67]**
- **Postagem de vídeo toda segunda, quinta e sábado**

Cada um desses itens é um processo do sistema que gera o *output* "Postagem de vídeo toda segunda, quinta e sábado". Esse conjunto de processos nos ajuda a identificar em qual fase está nosso projeto e também o que fazer para eliminar gargalos. **Gargalos** são pontos que engasgam o sistema e dificultam que as engrenagens rodem bem. Por exemplo: um computador que leva muito tempo para renderizar o vídeo porque não é bom o suficiente; um editor que erra gramática e precisa editar o mesmo vídeo duas ou mais vezes até consertar todos os erros; um influenciador que se desorganiza e esquece de fazer o upload do arquivo para sua equipe de audiovisual nos momentos certos...

Ao estabelecermos os processos de cada um dos sistemas que assegurarão o funcionamento de uma empresa, estamos transformando um negócio imprevisível e dependente de uma ou mais pessoas em uma empresa descentralizada e de resultados previsíveis.

A consequência disso é a geração de *equity*.

Como vimos antes, ao gerar *equity*, você pode se beneficiar do recebimento dos dividendos da sua própria empresa, da venda de participação ou de um conjunto dessas duas.

Vamos por partes.

Ao levar seu negócio ao estágio de "empresa", você pode escolher continuar trabalhando no dia a dia ou se ausentar completamente das operações. Independentemente da sua escolha, você ainda receberá dividendos do seu negócio que podem ser usados para custear sua qualidade de vida.

Entretanto, caso você prefira vender sua empresa, receberá uma quantidade de dinheiro que, bem investida, pode te pagar rendimentos capazes de sustentar seus hábitos de consumo.

Além disso, você ainda pode escolher fazer um mix das duas estratégias, vendendo uma parte do seu negócio para ganhar uma bolada e ainda assim manter participação na empresa para receber os dividendos. Particularmente, foi esse o caminho que escolhi ao vender 20% do meu negócio por 1 milhão de reais.

De qualquer jeito, ao viver a jornada do enriquecimento, é preciso ter enraizado um conjunto de princípios para que você não se perca no caminho.

Afinal, com grande patrimônio, vêm grandes responsabilidades.

POSFÁCIO

O ENSINO NÃO TE ENSINOU A ESCOLHER PRINCÍPIOS

HOJE EM DIA, muitas famílias delegam à escola a educação de seus filhos. O problema com essa ideia é que a escola não deve ser a principal, muito menos a única fonte de educação das crianças. O que nós aprendemos em casa deve servir como base para vivermos em sociedade – a escola só nos ajuda a criar as estruturas. Por isso, é muito importante que os jovens aprendam princípios que possam ser aplicados em diferentes momentos da vida.

Princípios são como um manual de instrução que usamos para viver. Eles nos ajudam a interpretar situações que acontecem ao nosso redor e nos dão um direcionamento do que fazer em cada momento. Não são verdades absolutas, longe disso. São mais como diretrizes, cujo cumprimento assegura nossa felicidade de longo prazo e realização pessoal. E não são uma obrigação, nem leis. Nós temos o livre-arbítrio para seguir o que achamos certo e o que se adapta à nossa realidade.

Abaixo está uma série de 10 princípios que levo para minha vida e os compartilho aqui na esperança de que te deem direcionamento ao longo de sua jornada.

APROVEITAR OS PRIVILÉGIOS QUE NOS FORAM DADOS

A realidade com que pude encarar muitas circunstâncias na minha vida foi, na maior parte das vezes, de uma perspectiva extremamente privilegiada. Quando larguei a faculdade, tive o privilégio de saber que, mesmo que minha mãe discordasse de mim, ela não iria me expulsar de casa. Ainda haveria comida na minha mesa no dia seguinte, cama onde dormir e teto sob o qual poderia morar.

Ao deixar o caminho-padrão, quis aproveitar ao máximo esse privilégio que me foi dado. Eu não iria jogá-lo fora ficando em casa, coçando o saco. Não queria ser mais um moleque que foi filho de alguém que lhe deu tudo na vida e agir como um bezerrinho fazendo dos pais a sua vaca leiteira. Quando eu me via em posições que alcancei por conta desses privilégios, pensava: "Eu tenho que merecer estar aqui. Posso ter chegado aqui devido aos meus privilégios, mas vou me manter aqui porque mereço e não darei nenhum motivo para ninguém pensar o contrário".

TIRAR CONCLUSÕES APÓS ANÁLISE MINUCIOSA

Nesse mundo digitalizado, a cultura de cancelamento nunca esteve tão em pauta como agora. Então não é tão difícil encontrar alguma figura pública que acabou cometendo algum deslize e de repente foi rechaçada com reprovação coletiva nas redes sociais.

Particularmente, eu não quero fazer parte desse grupo. Não quero ser a pessoa que aponta o dedo e julga sem nem saber o que aconteceu antes. Afinal, bem ou mal, nós nunca sabemos toda a história. Há sempre muito mais que aparenta. É impossível que tenhamos algum poder de fala sobre a vida de qualquer pessoa que seja. Quem somos nós para julgar?

Então decidi que só iria tirar conclusões depois de ter feito uma análise minuciosa sobre o caso. E, mesmo depois disso, eu só iria julgar para mim. Não iria ficar difamando pessoas, batendo o martelo, apontando o dedo para julgar, como se eu fosse o juiz da vida de qualquer ser humano. Afinal, não sou e não tenho vontade de ser.

ABERTURA PARA O DISCURSO

Como vimos, não podemos confundir abertura com tolerância. Todos somos diferentes por natureza. Todos temos um coquetel de experiências, memórias, aprendizados, genes diferentes que nos fazem desenvolver opiniões diferentes. Isso é intrínseco à natureza humana, nunca haverá alguém igual a outro.

Entretanto, parece que a humanidade precisa caracterizar um grupo pequeno de pessoas como "nós" e todo o resto como "eles". E "eles" são maus, ruins. Devemos nos afastar "deles". Quando na verdade somos todos da mesma espécie.

Tolerar parte do pressuposto de que você não concorda mas aceita que uma pessoa exponha sua opinião, como algo fora da sua vontade. Abertura, por outro lado, é encorajar e proativamente querer se colocar nos sapatos de outras pessoas que pensam diferente de nós. Não só porque estamos exercitando solidariedade, mas porque sinceramente queremos nos engrandecer com outro ponto de vista. Abertura é assumir que nós não temos a verdade absoluta e sempre podemos aprender tentando olhar nossa vida com os olhos de uma pessoa que viveu a realidade de forma completamente diferente. Porque, a partir do momento em que entendemos que diferenças são características básicas da humanidade, não há sentido em ser intolerante. Se você não consegue ouvir alguém falando bem de Lula ou Bolsonaro, você é intolerante. Se você não consegue ouvir alguém falando bem de um time de futebol, você é intolerante. Então, para mim, a genuína vontade de encorajar pessoas a contar suas diferenças por meio da abertura foi que me deu muitos amigos, *networking* e muito dinheiro.

SE FOR PARA FALAR DE ALGUÉM, QUE FALE BEM

Não quero ser a pessoa que fala mal de todo mundo com alguém e depois esse alguém vira as costas e estou eu lá falando mal dessa pessoa também. Isso já aconteceu comigo: eu tinha uma pessoa na minha vida que costumava falar mal de um monte de gente, e depois eu fui o bocó de descobrir que ela estava falando mal de mim também.

Essa pessoa nunca saberá todas as oportunidades que ela perdeu justamente porque eu não queria mais alguém tão tóxico por perto. Porque, para mim, se vou falar de alguém, vou falar bem. Se for para falar nas costas de alguém, vou falar bem. Se eu não tiver nada de bom para falar, não falo nada. Se for meu amigo e ele estiver fazendo algo de errado, tenho que falar na cara dele. Amigo tem que saber lidar com essas coisas, não tem jeito. Tem que ouvir umas verdades. Se você se importa e ama a pessoa, vai ter que dar um puxão de orelha de vez em quando. E tudo bem. Você fará isso, assim como quer que quem te ama faça o mesmo com você.

Se eu e um amigo estivermos em um grupo de pessoas e ele agir de forma que não concordo, se minha amizade vale mais que a forma como essa pessoa agiu na hora, provavelmente vou apoiá-lo e no privado me resolvo.

Porque todo mundo erra.

Se você é tão frágil que deixa que um deslize de uma pessoa que ama manche sua imagem em uma circunstância social, então você é inseguro e não tem uma amizade. Tem necessidade de aprovação.

VIVER PELO EXEMPLO

Hoje sou gestor de uma empresa com 35 pessoas. Então é muito fácil apontar o dedo e falar para outra pessoa fazer o meu trabalho. Mas, se eu não estou lá todo dia puxando a carroça e trabalhando do mesmo jeito que todos, então por que as pessoas que estão comigo vão querer fazer isso também? Se o líder não dá conta do trabalho, por que elas vão precisar dar? Afinal, nesse contexto de negócios, cultura pode ser o que você faz quando ninguém está olhando. A verdade é que de vez em quando tem alguém de olho...

DEDICAR MINHA JUVENTUDE PARA ARRISCAR O MÁXIMO POSSÍVEL

Quando faço uma autoanálise, chego à conclusão de que sou uma pessoa jovem, com saúde e muito tempo de vida. Eu sei que, no pior dos casos, se eu perder tudo, ainda vou ter tempo suficiente para depois me recuperar. Então vou aproveitar o privilégio da minha juventude e pensar em tudo que poderia acontecer caso desse certo, ao invés de ficar me bloqueando de fazer algo por causa do que poderia acontecer caso desse errado. Afinal, tenho tempo para começar de novo, e o segredo é não desistir.

Mas um ponto importante: isso não pode ser confundido com "já que tenho tempo em abundância, vou deixar para amanhã".

Sabe por quê?

Justamente porque tenho tempo em abundância, eu quero dar conta de fazer tudo que tenho que fazer agora. Assim erro rápido, aprendo rápido e depois consigo garantir toda essa abundância de tempo que terei no futuro. Sem me preocupar com o dinheiro, fazendo o que eu quiser, com quem eu quiser, na qualidade de vida que eu quiser para mim.

TUDO QUE ACONTECE NA MINHA VIDA É MINHA CULPA

Para o bem e para o mal. Essa é uma forma muito eficiente de olharmos nossa vida, porque se tem algo ruim acontecendo nela, pode ser simplesmente a forma como a gente escolhe significar isso. Se estou me sentindo mal é porque eu, de alguma forma, escolhi significar isso de forma que faça mal para mim, em vez de significar como uma forma de me trazer aprendizado, como algo que vá me engrandecer ou fazer com que no futuro eu consiga algo muito melhor que naquele momento. Ressignificar positivamente é um pensamento que nos gera dinheiro porque, quando assumimos responsabilidade por tudo que acontece na nossa vida, nós estamos no controle. Significa que não importa mais governo, não importam mais terceiros, economia, tudo vai depender só de nós. E isso é bom. Porque, se nós estamos no controle, podemos fazer algo sobre a nossa vida. Mas de novo: isso é verdade para todo mundo?

Não sei.

Mas funciona.

NENHUM PROBLEMA É GRANDE O SUFICIENTE QUANDO COLOCADO EM PERSPECTIVA

Pense comigo: tudo bem você não ter tirado notão naquela prova muito importante; tudo bem não ter passado no Enem este ano; tudo bem aquela pessoa ter ficado chateada contigo por algo que você fez. Contanto que você saiba que fez tudo que poderia para ter o melhor resultado com suas atitudes.

Existem algumas coisas que não têm muito o que interpretar. Copo cheio ou vazio? A verdade bruta e imutável é que há água no copo. Por ano, morrem dois milhões de pessoas por desidratação e você quer se preocupar se está meio cheio ou meio vazio? Algumas coisas não fazem sentido se tentarmos interpretá-las, e devemos encarar a realidade como ela é. Afinal, neste exato momento, há milhões de pessoas rezando para alguma entidade divina para ter exatamente o que você tem hoje. Nenhum problema é grande o suficiente quando colocado em perspectiva.

Provavelmente aquilo que mais nos preocupa no curto prazo, daqui a 10 ou 20 anos, ou sequer dentro de 1 ano, nem vai fazer diferença na nossa vida.

NUNCA RECLAMAR

O ato de reclamar nos coloca em um círculo vicioso em que sempre queremos encontrar novas coisas sobre as quais reclamar. Alguém gosta de ser o cara reclamão? Particularmente eu quero ser o cara que encontra a solução. Que inspira, resolve o problema e lidera pelo exemplo. Não o cara mandão que reclama que o trabalho dos outros está ruim.

Vamos fazer um exercício?

Toda vez que você pensar em algum motivo para reclamar, faça o seguinte: pense em algo bom do contexto que te induziu a reclamar. Está reclamando do seu chefe? Pense algo bom dele. Está reclamando do governo? Pense "que bom que não cobra mais impostos que isso". Está reclamando da economia? Pense que agora há ações baratas que podem ser compradas a bons preços.

Nós tendemos a julgar as pessoas por uma única coisinha que aconteceu e defini-las como boas ou ruins por esse simples ato. Assim esquecemos de todos os anos, vivências, experiências, boas atitudes e complexidade do que é ser uma pessoa. Queremos bater o martelo, assumir posição de juízes, julgar pessoas como boas ou ruins simplesmente por causa de um único *input* que tivemos para avaliá-las.

FELICIDADE VEM DE DENTRO. GRATIDÃO É UM EXERCÍCIO

Vimos que gratidão gera felicidade, enquanto projetar a felicidade para os bens materiais que vamos comprar no impulso não nos sustenta ao longo do tempo. Isso dá uma sensação momentânea de euforia, mas felicidade é um exercício. Você poder ser grato por aquilo que tem hoje e perceber que as coisas que mais nos deixam felizes consistentemente são de graça. É dar um abraço em quem amamos, estar em contato com a natureza e saber reconhecer que são privilégios.

Então, da próxima vez que você pensar "eu não tenho nada pelo que ser grato", lembre que, na sua essência, você está vivo. Você respira. Quantas pessoas tiveram que encerrar suas vidas antes dos 50 anos de idade? Meu pai... Foi pouco o tempo que eu passei com ele nessa vida, mas quanta coisa ele me ensinou... Felicidade vem de dentro, nós escolhemos exercitar gratidão pelo que temos na vida.

Então, na próxima vez que você estiver na cama pensando em todos os problemas que tem, vire a chave. Comece a agradecer por ter um cobertor, um teto. Porque muita gente estaria rezando para ter essas coisas.

Quanto mais você for capaz de ser grato pelo que tem hoje, mais terá no futuro.

É quase como um sinal que você está dando para o Universo que você é merecedor de ter muito mais. Sabe por quê? Porque você sabe agradecer pelo que já tem e é feliz com isso agora.

YouTube

Jovens de Negócios

Instagram | TikTok | Twitter

@BRENOPERRUCHO

Linkedin

Breno Perrucho

NOTAS

1. CIRURGIA robótica – Robô Da Vinci. Hospital Sírio-Libanês. Disponível em: https://www.hospitalsiriolibanes.org.br/hospital/especialidades/centro-cirurgia-robotica/Paginas/robo-da-vinci.aspx. Acesso em: 26 jan. 2021.

2. Um produto comoditizado é um produto massificado, sem diferencial, que os clientes não conseguem distinguir dos concorrentes.

3. Escalar significa aumentar o faturamento sem comprometer despesas e processos, ou seja, fazer mais com a mesma quantidade de recursos. Exemplos de negócio escalável são as plataformas de *streaming*, como Netflix e Spotify: elas oferecem o mesmo serviço, independentemente de quantos clientes tenham, porém seu faturamento é proporcional ao número de assinantes.

4. Este caso foi tirado do documentário *Como o cérebro cria* (2019), dirigido por Jennifer Beamish e Toby Trackman.

5. INTEGRATED Arts Academy at H. O. Wheeler. *School Digger*. Disponível em: https://www.schooldigger.com/go/VT/schools/0282000073/school.aspx. Acesso em: 26 jan. 2021.

6. ESTUDO mostra que o uso de celular em excesso aumenta depressão e ansiedade. *Extra*, 1º dez. 2017. Disponível em: https://extra.globo.com/noticias/saude-e-ciencia/estudo-mostra-que-uso-de-celular-em-excesso-aumenta-depressao-ansiedade-22135171.html. Acesso em: 26 jan. 2021.

7. O CNPJ (Cadastro Nacional de Pessoa Jurídica) é o CPF das empresas: é por meio dele que a Receita Federal identifica a empresa, confere as movimentações financeiras, se elas estão pagando os impostos corretamente. Ter um CNPJ é o que distingue e dá credibilidade ao negócio.

8. *Input* e *output* são duas expressões da língua inglesa que significam entrada e saída, respectivamente.

9. BRIGGS, Helen. Cientistas descobrem por que crianças têm facilidade de aprender mais de uma língua. *BBC News*, 9 out. 2013. Disponível em: www.bbc.com/portuguese/noticias/2013/10/131009_linguagem_infancia_an. Acesso em: 26 jan. 2021.

10. ROSE, Jeff. 5 mitos que fazem com que você continue sendo pobre. *Forbes*, maio de 2019. Disponível em: www.forbes.com.br/colunas/2019/05/5-mitos-que-fazem-com-que-voce-continue-sendo-pobre. Acesso em: 26 jan. 2021.

11. IPO (*Initial Public Offering*, ou oferta pública inicial em português) é o momento em que uma empresa estreia na Bolsa de Valores, vendendo ações para novos sócios.

12. CURSOS de PNL: O que são e para que servem? *Universia*, 5 ago. 2019. Disponível em: www.universia.net/br/actualidad/orientacao-academica/cursos-pnl-o-que-so-e-que-servem-1166022.html. Acesso em: 26 jan. 2021.

13. COMO utilizar o networking a seu favor? *5àsec*, 17 nov. 2015. Disponível em: www.5asec.com.br/blog/dicas/como-utilizar-o-networking-a-seu-favor. Acesso em: 26 jan. 2021.

14. CBS. 12/14/86: Oprah. *YouTube*. Disponível em: www.youtube.com/watch?v=aWg7W62-WdM. Acesso em: 26 jan. 2021.

15. NO ANIVERSÁRIO de Oprah Winfrey, 5 fatos sobre a fortuna da mulher negra mais rica do mundo. *Glamurama*, 29 jan. 2021. Disponível em: https://glamurama.uol.com.br/5-fatos-sobre-a-fortuna-de-oprah-a-apresentadora-bilionaria-que-poder-ser-a-proxima-presidente-dos-eua. Acesso em: 26 jan. 2021.

16. WARKEN, Júlia. Oprah Winfrey: conheça essa surpreendente história de superação. *Claudia*, 29 jan. 2019. Disponível em: https://claudia.abril.com.br/famosos/oprah-winfrey-conheca-essa-surpreendente-historia-de-superacao. Acesso em: 26 jan. 2021.

17. OPRAH Winfrey last episode – season 25. *YouTube*. Disponível em: www.youtube.com/watch?v=FY6nbeq_41Y. Acesso em: 26 jan. 2021.

18. Como citado no capítulo 2, equilíbrio inconsciente é ceder excessivamente às gratificações instantâneas com a justificativa de equilibrar o trabalho com a vida pessoal. Porém, isso nada mais é do que uma desculpa para procrastinar as coisas importantes, o que sabota nossa própria saúde e produtividade.

19. ARAÚJO, Cecília. Para vencer na carreira há preços a pagar, diz Luiza Trajano. *Exame*, 28 abr. 2015. Disponível em: https://exame.com/carreira/para-vencer-na-carreira-ha-precos-a-pagar-diz-luiza-trajano. Acesso em: 26 jan. 2021.

20. ISAACSON, Walter. *Steve Jobs, a biografia*. São Paulo: Companhia das Letras, 2011.

21. BRASIL Econômico. De Thomas Edison a Lady Gaga: 18 personalidades que fracassaram antes do sucesso. *iG*, 28 out. 2016. Disponível em: https://economia.ig.com.br/2016-10-28/personalidades-fracasso-sucesso.html. Acesso em: 26 jan. 2021.

22. SAMOR, Geraldo. Trechos de "Na raça", o livro que conta a história da XP. *Brazil Journal*, 4 nov. 2019. Disponível em: https://braziljournal.com/trechos-de-na-raca-o-livro-que-conta-a-historia-da-xp. Acesso em: 26 jan. 2021.

23. ENDEAVOR Brasil. "Nosso negócio é gente" – Jorge Paulo Lemann. YouTube. Disponível em: www.youtube.com/watch?v=gXfVmpklqZ8. Acesso em: 26 jan. 2021.

24. JORGE Paulo Lemann: o sonhador que criou um império. *Infomoney*, Disponível em: www.infomoney.com.br/perfil/jorge-paulo-lemann. Acesso em: 26 jan. 2021.

25. PAIVA, Vitor. J. K. Rowling deixa de ser bilionária. O motivo: As enormes doações à caridade. *Hypeness*, ago. 2019. Disponível em: www.hypeness.com.br/2019/08/j-k-rowling-deixa-de-ser-bilionaria-o-motivo-as-enormes-doacoes-a-caridade. Acesso em: 26 jan. 2021.

26. EDEN, Richard. Duchess of Cornwall asks J. K. Rowling for Harry Potter magic. *The Telegraph,* 5 jun. 2011. Disponível em: www.telegraph.co.uk/news/celebritynews/8557246/Duchess-of-Cornwall-asks-J-K-Rowling-for-Harry-Potter-magic.html. Acesso em: 26 jan. 2021.

27. CASOS de sucesso. Por que Elon Musk dorme nas fábricas da Tesla. *YouTube*. Disponível em: www.youtube.com/watch?v=3g97pSNsnwo. Acesso em: 26 jan. 2021.

28. TESLA. *Impact Report* – 2018. Disponível em: www.tesla.com/ns_videos/tesla-impact-report-2019.pdf. Acesso em: 26 jan. 2021.

29. VICTORINO, Vinícius. O que o Spoleto aprendeu com o fracasso. *Endeavor Brasil*. Disponível em: https://endeavor.org.br/desenvolvimento-pessoal/licoes-do-fracasso-o-modelo-de-negocios-do-spoleto. Acesso em: 26 jan. 2021.

30. AMORIM, Lucas. Dono do Spoleto vende Domino's para fundo Vinci. *Exame*, 3 ago. 2018. Disponível em: https://exame.com/negocios/dono-do-spoleto-vende-dominos-para-fundo-vinci. Acesso em: 26 jan. 2021.

31. SARAIVA, Alessandra. Maioria das empresas no país não dura 10 anos, e 1 de 5 fecha após 1 ano. *Valor Econômico*, 22 out. 2020. Disponível em: https://valor.globo.com/brasil/noticia/2020/10/22/maioria-das-empresas-no-pais-nao-dura-10-anos-e-1-de-5-fecha-apos-1-ano.ghtml. Acesso em: 26 jan. 2021.

32. GERAL – Autoridade é o maior sonho de desconhecidos digitais, afirma especialista. *Media Lab Estadão*. Disponível em: http://patrocinados.estadao.com.br/medialab/releaseonline/releasegeral-releasegeral/geral-autoridade-e-o-maior-sonho-de-desconhecidos-digitais-afirma-especialista. Acesso em: 26 jan. 2021.

33. CIELO ON NM – 1D – BMFBOVESPA. *TradingView*. Disponível em: https://br.tradingview.com/chart/?symbol=BMFBOVESPA%3ACIEL3. Acesso em: 26 jan. 2021.

34. VILELA, Pedro Rafael. Pandemia faz Brasil ter recorde de novos empreendedores. *Agência Brasil*, 5 out. 2020. Disponível em: https://agenciabrasil.ebc.com.br/economia/noticia/2020-10/

pandemia-faz-brasil-ter-recorde-de-novos-empreendedores. Acesso em: 26 jan. 2021.

35. PIOVESANA, Matheus. Magalu ultrapassa valor de R$ 100 bi na Bolsa pela primeira vez. *Estadão*, 27 maio 2020. Disponível em: https://economia.estadao.com.br/blogs/coluna-do-broad/magalu-ultrapassa-valor-de-r-100-bi-na-bolsa-pela-primeira-vez. Acesso em: 26 jan. 2021.

36. *Equity* é o valor da participação acionária que temos em uma empresa, ou seja, quando você compra *equity* de uma empresa, você passa a ser um dos donos dela e seus lucros são proporcionais à porcentagem da *equity* que você possui.

37. Como dito na introdução deste livro, o plano de 59 anos é uma jornada de vida que nos é imposta. Começamos na alfabetização, aos 6 anos de idade, depois precisamos escolher uma profissão que exerceremos para o resto das nossas vidas, e terminamos na aposentadoria, aos 65. O propósito do plano é nos adequar aos padrões para sermos aceitos e nos sentirmos pertencentes à cultura em que vivemos.

38. *Anuário estatístico USP*. Universidade de São Paulo, Vice-Reitoria Executiva de Administração. São Paulo: VREA/USP, 1991.

39. Kroton compra a Somos Educação por R$ 4,6 bilhões. *Revista Veja*. Abril de 2018. Disponível em: https://uspdigital.usp.br/anuario/br/acervo/AnuarioUSP_2019.pdf. Acesso em: 7 abr. 2021.

40. ESTADÃO Conteúdo. Quase metade dos jovens com diploma está fora da área de formação. *Exame*, 13 dez. 2018. Disponível em: https://exame.com.br/carreira/quase-metade-dos-jovens-com-diploma-esta-fora-da-area-de-formacao. Acesso em: 26 jan. 2021.

41. GLOBAL News. Facebook CEO Mark Zuckerberg delivers Harvard commencement full speech. *YouTube*. Disponível em: www.youtube.com/watch?v=4VwElW7SbLA. Acesso em: 26 jan. 2021.

42. RYAN, Dan. Por que os líderes devem aprender com o fracasso. *Forbes*, 2 maio 2018. Disponível em: https://forbes.com.br/carreira/2018/05/por-que-os-lideres-devem-aprender-com-o-fracasso. Acesso em: 26 jan. 2021.

43. BRUNING, Gustavo. Escritor Augusto Cury fala sobre ansiedade, gestão de emoção e psiquiatria. *ND+*, 13 out. 2017. Disponível em: https://ndmais.com.br/literatura/entrevista-escritor-augusto-cury-fala-sobre-ansiedade-gestao-de-emocao-e-psiquiatria. Acesso em: 26 jan. 2021.

44. BIGARELLI, Barbara. 43% das empresas adotam *home office* devido ao coronavírus. *Valor*. São Paulo, março de 2020. Disponível em: https://valor.globo.com/carreira/noticia/2020/03/20/43percent-das-empresas-adotam-home-office-devido-ao-coronavirus.ghtml. Acesso em: 7 abr. 2021.

45. MOHSIN, Maryam. 7 estatísticas sobre *home office* para o ano de 2021. *Oberlo*, 2 fev. 2021. Disponível em: www.oberlo.com.br/blog/estatisticas-home-office. Acesso em: 23 fev. 2021.

46. PRONIN, Tatiana. Dorme mal? Saiba como a falta de sono prejudica seu organismo. *UOL VivaBem*, 13 mar. 2019. Disponível em: www.uol.com.br/vivabem/listas/dorme-mal-saiba-como-a-falta-de-sono-prejudica-seu-organismo.htm. Acesso em: 26 jan. 2021.

47. MOSS, Rachel. Luz do sol alivia o sofrimento emocional, revela estudo. *Superinteressante*, 16 nov. 2016. Disponível em: https://super.abril.com.br/saude/luz-do-sol-alivia-o-sofrimento-emocional-revela-estudo. Acesso em: 26 jan. 2021.

48. 4 PASSOS para aprender tudo que você quiser, segundo um Nobel da Física. BBC News, 12 jul. 2016. Disponível em: www.bbc.com/portuguese/geral-36750825. Acesso em: 26 jan. 2021.

49. Adaptado de: BBC. Como ensinar a Teoria da Relatividade de Albert Einstein para crianças de 6 anos. *G1*, 9 dez. 2017. Disponível em: https://g1.globo.com/ciencia-e-saude/noticia/como-ensinar-a-teoria-da-relatividade-de-albert-einstein-para-criancas-de-6-anos.ghtml. Acesso em: 26 jan. 2021.

50. Smith, A. *Riqueza das nações: investigação sobre sua natureza e suas causas.* São Paulo: Abril Cultural, 1983.

51. MOREIRA, Talita; BELLOTTO, Alessandra. Cielo hoje é empresa de tecnologia, diz presidente. *Valor Investe*, 25 fev. 2021. Disponível em: https://valorinveste.globo.com/mercados/renda-variavel/empresas/

noticia/2021/02/25/cielo-hoje-e-empresa-de-tecnologia-diz-presidente.ghtml. Acesso em: 26 mar. 2021.

52. Juro é a remuneração cobrada pelo empréstimo de dinheiro, é o custo do dinheiro ao longo do tempo. Podemos usá-lo a nosso favor, por exemplo, emprestando dinheiro ao governo ou a instituições privadas; ou podemos usá-lo contra nós, por exemplo, pegando dinheiro emprestado.

53. O Conselho Monetário Nacional (CMN) é o órgão responsável por formular a política da moeda, garantindo o desenvolvimento econômico e social do país.

54. A quantidade de dinheiro que há em nossa economia não leva em conta somente o papel-moeda em circulação, mas também o dinheiro que você possui no banco, aqueles dígitos que você vê na tela de seu celular. Esse tipo de dinheiro é chamado de moeda escritural.

55. O PIB (Produto Interno Bruto) é a soma de todos os bens e serviços finais produzidos por um país em um ano.

56. ROSSI, Pedro; et al. G1 explica a inflação – Como os governos controlam a inflação? *G1*. Disponível em: http://g1.globo.com/economia/inflacao-como-os-governos-controlam/platb/category/sem-categoria. Acesso em: 26 jan. 2021.

57. Dívida interna é a dívida que o governo tem em reais. A maior parte dessa dívida é com a população que compra títulos públicos. Já a dívida externa é a dívida que o governo tem em moeda estrangeira, principalmente em dólar. Essa dívida é contraída com organizações multilaterais, como o Banco Mundial ou o FMI.

58. Tripé macroeconômico: veja como funciona a estrutura da política econômica do Brasil. *Guia do Estudante*, novembro de 2016. Disponível em: https://guiadoestudante.abril.com.br/blog/atualidades-vestibular/tripe-macroeconomico-veja-como-funciona-a-estrutura-da-politica-economica-do-brasil/. Acesso em: 7 abr. 2021.

59. Estudo mostra que 80% dos brasileiros não conseguem guardar dinheiro. *Jornal do Comércio*, novembro de 2018. Disponível em: https://www.jornaldocomercio.com/_conteudo/cadernos/

empresas_e_negocios/2018/10/655174-estudo-mostra-que-80-dos-brasileiros-nao-conseguem-guardar-dinheiro.html. Acesso em: 7 abr. 2021.

60. BRASILEIROS endividados chegam a 66,5% em janeiro, diz CNC. Disponível em: https://www.infomoney.com.br/minhas-financas/brasileiros-endividados-chegam-a-665-em-janeiro-diz-cnc/#:~:text=O%20porcentual%20de%20brasileiros%20com,Inadimpl%C3%AAncia%20do%20Consumidor%20(Peic). Acesso em: 22 abr. 2021.

61. Serasa é uma empresa privada criada em 1988 por uma ação de cooperação entre bancos para padronizar relatórios e formulários, proporcionando rapidez nas decisões bancárias e melhor controle financeiro das empresas. A empresa reúne dados enviados por lojas, bancos e outras instituições financeiras de modo que auxilie na tomada de decisões de instituições financeiras em relação à concessão de crédito para seus clientes.

62. 40% da população adulta está com dívidas atrasadas, aponta Serasa. *Globo Economia*, junho de 2019. Disponível em: https://g1.globo.com/economia/noticia/2019/06/06/40percent-da-populacao-adulta-esta-com-dividas-atrasadas-aponta-serasa.ghtml. Acesso em: 7 abr. 2021.

63. Taxas de juros sobem pelo 3º mês seguido, aponta Anefac. *Globo Economia*, março de 2021. Disponível em: https://g1.globo.com/economia/noticia/2021/03/10/taxas-de-juros-sobem-pelo-3o-mes-seguido-aponta-anefac.ghtml. Acesso em: 7 abr. 2021.

64. No caso do tesouro IPCA+, além da variação com base na inflação, também há uma taxa prefixada. Por exemplo, o tesouro IPCA+ 5% quer dizer que o seu título vai render 5% ao ano, mais o que render o IPCA.

65. São títulos cuja possibilidade de resgate do dinheiro ocorre somente no vencimento do título.

66. *Homebroker*: sistema de intermediação do investidor com a Bolsa de Valores. Cada corretora tem seu *homebroker*, e é por meio dele que o investidor consegue negociar ativos em renda variável.

67. SEO (*Search Engine Optimization*) é a otimização para mecanismos de busca que geram tráfego e autoridade para um site ou blog.

SOBRE A JOVENS DE NEGÓCIOS

AO ME FORMAR no Ensino Médio, me deparei com o modelo tradicional imposto pela sociedade, que nos molda para seguir um único caminho: estudar, tirar boas notas, entrar na faculdade, arrumar um bom emprego e se aposentar após longos anos. A ideia de ter que decidir, aos 17 anos, o que faria para o resto da vida não me deixou muito satisfeito.

Após algumas tentativas de encontrar meu caminho como advogado, médico ou engenheiro, decidi juntar todas as suas paixões em um único lugar: o YouTube.

Assim, em 2018, nasceu a *Jovens de Negócios*, com a missão de trazer conhecimento sobre empreendedorismo e investimentos de forma democrática, didática e prazerosa. Iniciada no quarto de um apartamento no bairro da Tijuca, no Rio de Janeiro, hoje nos tornamos o 4º maior canal de educação financeira e empreendedorismo do país, com mais de 1 milhão de inscritos.

O que começou como um simples canal no Youtube se tornou uma empresa com um propósito muito maior, que inclui três marcas: Kraüss Studios, Vila Mônaco e The Compass. Contamos com o suporte de grandes nomes nacionais, como Thiago Nigro (o Primo Rico) e uma equipe de cinco membros, totalmente engajados e apaixonados pelo que fazem.

Nosso propósito é ensinar o que o ensino não te ensina, abordando assuntos pouco explorados nas escolas e universidades, mas que são de extrema relevância para a formação do jovem do século XXI na sociedade brasileira. Queremos, cada vez mais, personalizar e impactar positivamente na experiência de ensino dos nossos alunos e seguidores.

AGRADECIMENTOS

GOSTARIA DE DAR MEUS AGRADECIMENTOS à mulher que me fez conhecer o amor em sua forma mais pura, que nunca tomou uma atitude na vida sem que tivesse meus melhores interesses em mente e foi capaz de se despir de pensamentos preconcebidos para me apoiar, mesmo na discordância. Cristine Nicolino, minha mãe. Pelo seu exemplo de caráter e ética inabaláveis, pude acreditar no poder de fazer o bem.

Pietro Kraüss, você foi a prova viva de que uma sociedade acontece antes mesmo de ser. Sua crença absoluta que a *Jovens* seria bem--sucedida foi demonstrada por todos os riscos que você não hesitou em tomar comigo. Você largou seu antigo emprego para trabalhar exclusivamente comigo na *Jovens*, se mudou para São Paulo deixando sua família em Limeira e fundou comigo a Kraüss Vídeos, apesar de todas as propostas para ganhar maiores remunerações em outros lugares. Sua fé indestrutível me deu ainda mais confiança de que este negócio poderia vir a ser algo grandioso. Sem sua amizade, tolerância e inúmeras madrugadas viradas em trabalho, não existiria a *Jovens de Negócios*. Obrigado por me ensinar o valor de um verdadeiro amigo e sobretudo por ser o exemplo do ser humano que desejo ser.

Quero agradecer também a Pedro Paracampos e Thomas Ramirez, amigos de adolescência que não só entenderam minha ausência nos primeiros anos de minha empreitada, como também se mantiveram presentes e crentes no projeto da *Jovens de Negócios*. A amizade de vocês é o privilégio mais valioso que obtive até hoje.

Obrigado, Thiago Nigro. Você confiou no impacto do meu trabalho antes que eu mesmo pudesse fazer isso e me ajudou a evitar erros que, sem suas palavras, certamente limitariam o potencial do negócio.

Raoni Pedro, obrigado também. Sua confiança em aplicar no primeiro processo seletivo da *Jovens* não só me deu um consultor estratégico de marca incrível, como também um grande amigo para jogos de Mario Party aos finais de semana.

Agradeço os meus sócios da *Jovens*: Fernanda Durazzo, Felipe Grego, Pietro Kraüss e Pedro Paracampos. Aprender diariamente com vocês é a maior honra que um empreendedor pode ter.

Obrigado, Beatriz Almeida, Victor Hugo Ribeiro, Kevin Di Lucca e Gibson Fernandes por terem confiado no potencial da *Jovens* e decidirem construir este avião em voo.

Obrigado, Vinicius Carneiro. Talvez sem aquela conversa de bar eu jamais tivesse gravado o primeiro vídeo.

Obrigado, Gustavo Ziller. Uma simples história sobre a sua vida, numa palestra que pude assistir, influenciou em todas as escolhas que eu fiz depois disso.

Agradeço a você, Renata Sturm, por ter cuidado do processo de publicação deste livro como se fosse seu.

Obrigado, por fim, J. K. Rowling. Suas histórias me ensinaram a importância de respeitar todas as diferenças e amar incondicionalmente.

Esta obra foi composta por Maquinaria Editorial nas famílias tipográficas Proxima Nova e Pressio. Capa em cartão triplex 250 g/m² – Miolo em Offset 90g/m². Impresso pela gráfica Viena em julho de 2021.